心理健身房

8 KEYS
TO MENTAL HEALTH
THROUGH EXERCISE

通过锻炼改善心理健康的
8个要诀

后浪

[加拿大] 克里斯蒂娜·希伯特　著
Christina G. Hibbert

张豫　译

四川人民出版社

感谢布拉克斯顿、特雷、科尔顿、布罗迪、肯尼迪和希德尼，
感谢你们每天激励着我，也让我有机会成为你们的激励，
你们是我求索的动力。

目　录

序　言

　　每个人都知道，锻炼有益身体健康。除了控制体重，锻炼还可以提高免疫力，维持和改善我们的健康水平。力量训练可以保持骨骼强壮，有氧运动可以增强心肺功能。锻炼唯一的缺点是不注意节制而引起的运动过量。

　　但是，你可知道锻炼也有益于我们的心理健康？锻炼对我们的大脑大有裨益，这使得它成为心理治疗近乎完美的补充（某些情况下甚至可以取而代之）。无数研究表明，定期锻炼可以消解负面情绪，缓解轻度抑郁，从而改善我们的心理健康水平。此外，锻炼对治疗严重的精神疾病的积极作用也很明显。

　　锻炼的一大优势是，人人都可以参与，只需他们视个人情况制订合理的锻炼计划即可。患有广场恐惧症的人可以在客厅散步，用桶装水练举重，在地板上做仰卧起坐、俯卧撑或瑜伽。上班族可以做"办公室运动"。身体有障碍的人也可以找到适合自己的锻炼方法。大多数锻炼都是免费的：散步、慢跑、在客厅跳舞、和朋友去公园锻炼、跟着电视或网络上无数类似《跟我一起练》的节目运动，方式数不胜数。当然，如果你愿意花钱买课程、运动装备或办健身卡也是可以的，丰俭由人。

　　锻炼的另一大优势是，你可以全天候、随时随地锻炼。你可以独自锻炼，也可以找人一起。你可以自己制订计划，也可以咨询健身教练或顾问。可做的选择不可胜数。锻炼的唯一困难是，如何制订一个适合自己健康水平且让自己感兴趣的锻炼计划，还有——

如何坚持下去。

坚持锻炼的关键在于找到适合自己的方法。本书旨在帮助读者制订个性化的锻炼计划——可以跟别人的相似，也可能完全不同。每个人都可以通过锻炼提升心理健康水平。

在锻炼方面，无论你是经验丰富、充满热情的老手，还是经验匮乏、满怀憧憬的新手，本书都能为你提供有价值的参考。它不仅可以指导你如何制订个性化的锻炼计划，还可以帮助你克服个人障碍。

在本书中，你将了解到心理学和神经科学最新的研究成果，这些都会帮助你理解锻炼是如何提升心理健康水平的。抑郁症、焦虑症、恐慌症、双相情感障碍等精神障碍不仅会让你感到无法控制自己的思维，有时甚至会让你因其伴生的心理和生理症状而失去对身体的控制。任何人都可以通过制订并执行个性化的锻炼计划获得或重新找回自我掌控感。而这种自我掌控感对一个人的人生观和自尊有着非常积极的影响。

通过本书的学习你将明白，定期锻炼对最常见和最复杂的精神障碍都有着很好的疗效。希伯特博士将帮助你找到、制定、坚持和实现个人的心理健康锻炼目标。在本书中，希伯特博士还展示了大量她亲自指导的、通过锻炼改善心理健康的案例。你会发现，在心理健康锻炼的道路上，你并不孤独，锻炼同样可以对你有所帮助。

除此之外，希伯特博士还分享了很多个人经验，为读者提供了榜样。她的经验告诉你，在心理健康锻炼的过程中难免会遇到一些困难，这些困难是走向成功的必由之路，它们并不意味着失败。她会帮助你更清晰地认识自我，并传授你解决和克服这些困难的方法。

在参与并坚持锻炼的过程中，我们每个人都会碰到自己独特的挑战。作为创伤后应激障碍（PTSD）专家，和大多数这个领域的专家同行们一样，我一生都有自己的创伤要处理。创伤后应激障碍在我身上的一个主要症状是持续的焦虑。我在锻炼方面的一个主要障碍是，做有氧运动时，随着呼吸节奏和心率的加快，我的焦虑和恐慌症状会被触发。这对患有创伤后应激障碍以及焦虑和恐慌症的人来说很常见。于是，我只好从无氧运动开始，专心锻炼我的肌肉。这个计划非常适合我，有效地改善了我的心理健康状态，包括稳定了我的创伤后应激障碍症状。后来，我也能够轻松地散步和游泳了，如今我仍在坚持。这些亲身经历让我非常确信锻炼对改善心理健康的价值，所以在由我主创的《创伤修复的8个要诀》一书中，我用了整整一个章节来讨论这个话题。

如果你对身心关联有任何疑问，只需看看大众媒体，几乎每周都会涌现大量支持这一重要关联的文章：营养和情绪、瑜伽和抑郁症、锻炼和压力。下面这个小实验可以帮助你理解身心之间的关联：

首先，体会一下自己现在的整体情绪状态。然后，坐在你读这本书的椅子上，尽可能耷拉着肩膀，低垂着头。如果你的动作正确，你此时正含着胸，胸部被肩膀和头包围着。体会一下你此时的情绪，在改变吗？你比做这个实验之前感觉更好了还是更差了？在这种姿势下，许多人会感到情绪有点低落，如沮丧或悲伤、精力不足。别着急，我们继续。

现在，我们反其道而行之：坐直，挺胸，轻轻地把你的肩膀往后拉一点。不需要像军姿那么挺拔，只需要保持一种专注的姿态即可。有没有注意到，当你的胸部打开时，你的呼吸会变得更轻松。然后体会一下你此刻的情绪。感觉轻松一些了吗？你是否觉得比刚才耷拉着肩膀坐着时更有精神，更有活力？如果你没有感到任何不同，不必担心，相信你们中的大多数人此刻一定对身心关联有所感触：萎靡的姿势会压抑情绪，挺拔的姿势可以提振情绪。有人就利用这一点帮助自己应对充满挑战的商业环境。最近一位同事告诉我，每次她和老板开会前，都会花5分钟的时间模仿神奇女侠的一个动作——举起手臂，手腕交叉。她说，这让她在应对工作挑战时充满自信和力量。

本书会为你提供相应的方法，帮你建立信心，让锻炼成为守护你心理健康的利器。

同时，希伯特博士会告诉你哪些锻炼方式可能会损害你的心理健康。比如，过度锻炼会让你在情绪和身体上感到疲惫，就像遭受了一次打击。她还会告诉你如何通过坚持有益心理健康的锻炼让大脑和情绪成为盟友。不必担心希伯特博士会拔苗助长，要求你做远超你当前状态的高难度运动。她一贯提倡从小处着手，循序渐进，哪怕一开始的运动量微乎其微。不积跬步，无以至千里，只要坚持下去，你终将收获回报，心理健康也会得到全面改善。本书将助你在前进的路上找到正确的平衡。

巴贝特·罗斯柴尔德

致　谢

　　我的编辑黛博拉·马尔默德，感谢你对我的信任——感谢你的鼓励、督促和耐心。如果没有你的远见卓识，没你对我在心理健康锻炼方面创作的关注，我可能永远没有机会写出这本我所钟爱的主题的作品，由衷感激。

　　感谢我的丈夫OJ，谢谢你无条件地支持我。在生活和写作中，无论我身处高潮还是低谷，你总是在那里，鼓励我，督促我，带给我很多快乐和欢笑。你点亮了我的生命！没有你，就没有今天的我。

　　献给我的孩子们，这本书献给你们——你们是我最强大的动力！感谢你们清晨陪我锻炼；感谢你们和我一起骑行、慢跑、掰手腕、打篮球；感谢你们促使我百尺竿头，更进一步。做你们的母亲是我最大的幸福。如果我还能在体力和精力方面跟得上你们，我会全力以赴，和你们一起成长！

　　感谢巴贝特·罗斯柴尔德，在我创作低谷时给我无私的关注和指导，非常感激。感谢你让我参与这个系列丛书的创作，感谢你为我作序。没有你，这一切将不复存在。

　　感谢伊丽莎白·贝尔德、艾莉森·刘易斯、本杰明·雅林、安吉拉·莱利、内特·科恩、我出色的文字编辑伊丽莎白·舍斯塔克以及诺顿出版社的整个团队——感谢你们为这本书所做的不懈努力。是你们成就了我的作品，感激不尽！

　　最后，感谢梅切尔、泰勒、林赛、朱莉、埃里克、巴尔布以及所有允许我在本书中分享他们心理健康锻炼经验的朋友 —— 十分感谢你们。通过分享故事，我们一起感受，一起治愈，彼此连接，共同成长。非常感激能够和你们在这本书的创作中共同成长。

克里斯蒂娜·希伯特

前　言

　　多年前，一位密友透露，她感觉自己正在经历产后抑郁。这是她的第一个孩子，她一直梦想成为一名母亲。然而此刻她却深陷悲伤、焦虑、失眠和疲惫中。当母亲才两个月，她就感觉到了彻底的无助。

　　她丈夫想帮助她，却不知道从何入手。他们打电话给她的医生，但对方只是说："哦，可能是产后失调。"并寄给她一本小册子。这让她更加绝望，因为从症状来看，似乎不只是产后失调这么简单。最后，他们搬去了我朋友的父母家，在起居室打地铺睡了三个月，这样孩子的外婆就可以在我朋友困得不行而她可怜的老公又必须去工作或上学的时候帮忙照顾孩子。

　　像我朋友那样的经历非常普遍。据产后支持国际估计，15%的妇女经历过产后抑郁，10%的妇女在怀孕期间有过抑郁症。新手妈妈从怀孕到产后可能会经历焦虑症、恐慌症、强迫症、创伤后应激障碍，甚至精神错乱。有可能遭受产后精神障碍痛苦的不仅仅是女性——据估计，全球有10%的父亲也会经历后抑郁（保尔森和巴兹莫勒，2010）。围产期情绪和焦虑症被统称为"分娩期并发症"。从上述例子可以看出，精神疾病会影响整个家庭，给亲人间的关系造成压力和紧张，并影响日常生活。

　　这只是日常生活中无数遭遇精神疾病困扰的家庭之一，他们需要帮助，却不知道去哪里寻求帮助。除了育龄妇女，所有年龄的男性和女性都有可能陷入精神疾病的困扰，这是一个日益被全球关注的问题。

精神疾病的患病率和治疗现状

引自美国精神疾病联盟：

- 每年，4个美国成年人中就有1个患上精神疾病。
- 1/17的成年人患有严重的精神疾病，如抑郁症、双相情感障碍[①]或精神分裂症。
- 每年，20%的青少年（13～18岁）和13%的儿童（8～15岁）会经历严重的精神障碍。
- 18.1%的美国人患有焦虑症，包括广泛性焦虑症、惊恐障碍、强迫症、创伤后应激障碍和恐惧症。
- 6.7%的美国人患有重度抑郁症，2.6%的美国人患有双相情感障碍，1.1%的美国人患有精神分裂症。
- 920万美国人染有毒瘾并同时患有精神疾病。
- 抑郁症和其他情绪障碍是美国18～44岁青少年和成年人住院的第三大原因。

遭受精神疾病痛苦的不仅仅是美国人。世界卫生组织对28个国家的相关调查报告显示，精神疾病在世界各地普遍存在，终生患病率为18.1%～36.1%（凯斯勒等，2007）。大多数精神疾病在生命早期，也就是儿童或青少年时期，就会初露端倪，且与他们日后的身体健康状况密切相关。

不幸的是：

- 据估计，60%的美国成年人和将近一半8～15岁的儿童从未接受过精神疾病的诊断和治疗。
- 患有精神疾病的少数族裔人群获得治疗的机会更少。每年，寻

---

① 也称躁郁症。——编者注

求心理健康服务的西班牙裔和非裔美国人约为白人的一半，亚裔约为白人的三分之一。

简而言之，全世界一半以上的精神疾病患者仍未得到治疗。这会导致严重的不良后果，包括：生活选择受限，生活质量下降，患其他精神和身体疾病的风险增加，给患者和整个社会带来巨大的情感和经济损失（凯斯勒等，2007）。

患有严重精神疾病的成年人比普通美国人平均寿命短约25年，因为他们根本不寻求或接受治疗，尽管这些治疗是有效的，可以延长寿命。最不幸的是，绝大多数精神疾病被治愈的可能性很高，但大多数人没有寻求治疗。最常见的治疗方法包括精神药物治疗、心理治疗、社会团体支持或上述治疗方法的综合疗法。研究表明，以上每种治疗方法都能有效应对各种心理健康障碍，但仍有这么多人没有采取治疗。这是为什么呢？

精神疾病治疗障碍

精神疾病患者不寻求治疗的原因很多，以下是最常见的一些原因。

羞耻感

尽管多年来，科学研究早已清楚解释了精神疾病的生理、心理、社会和环境成因，但精神疾病仍然被严重污名化。心理健康专家和倡导者一直在不懈努力，希望人们认识到精神疾病并不会使人变得"虚弱"或"糟糕"，然而还是有许多人担心精神疾病会损害他们的名声，并认为为了自己好，最好不要跟别人谈论这段经历。这阻止了许多人去寻求治疗。正如世界卫生组织研究员贝迪汉·乌斯顿博士所说："每个国家都有各自隐晦或公开的羞耻标准，人们不愿意承认他们有精神问题。"

药物治疗也受到很大的歧视。许多人对服用精神类药物感到羞耻，即使这些药物对他们的健康大有帮助。心理治疗同样不受待见，因为许多人仍然不知道是否可以和刚认识的人分享个人生活，不管这个人的专业知识有多权威或多管用。甚至，寻求社会支持通常也会被精神疾病带来的羞耻感所阻碍。

药物副作用

尽管精神类药物，如抗抑郁药，已被证明在治疗心理健康障碍方面十分有效，但大多数药物通常有副作用——胃口、睡眠或记忆变差，口干、嗜睡、头痛，甚至引起性障碍——轻则感觉不适，重则使症状加剧（美国国家精神卫生研究所，2008）。总而言之，服药的羞耻感加上不良副作用让许多人抵制药物，或在短暂治疗后停止服药（通常是突然停药）——这是服药的一个禁忌，可能导致症状突然加剧。

治疗成本

精神类疾病无论在经济上还是时间上的治疗成本都十分高昂。对那些没有医疗保险的人来说，求医问药的开销可能会造成巨大的经济负担。即使那些有医疗保险的人也经常发现，他们选择的治疗方案并不在保险覆盖范围内。无论有没有保险，心理治疗都是一笔巨大的花销，尤其当治疗师建议每周进行一次治疗时。

此外，定期问诊或参加支持小组也需要大量的时间投入。许多人反映，他们之所以没有寻求或坚持治疗，是因为他们根本没有时间。尽管放弃治疗的实际成本（金钱、时间、生活质量）会高得多，但对许多人来说，高昂的开销仍然是治疗的一大障碍。

你或你所爱的人曾在寻求治疗的过程中面临过这些障碍吗？有如此多人由于羞耻感、药物不良副作用或高昂的治疗成本等原因不去寻求和接受他们需要且应得的支持、护理和治疗，这真是一个莫大的悲剧。而当这些治疗方案有效时，其悲剧色彩就更浓重了。

世界上有太多不必要的痛苦。有效的治疗并非遥不可及，但由于上述种种障碍，我们又如何确保人们知道他们所拥有的资源，懂得去哪里寻求并真正得到他们所需的帮助呢？

跨越精神疾病治疗障碍的锻炼

开始锻炼吧。锻炼是一种有效且高回报的治疗选择，因为它不仅可以改善各种精神疾病，还可以跨越精神疾病治疗的各种障碍。

羞耻感：不同于药物和心理治疗，锻炼绝不会让你感到羞耻。事实上，坚持锻炼的人通常会被贴上积极、健康的标签，他们自己也会自我感觉良好。在本书后面要介绍的要诀中，我们将看到，锻炼可以提高自信、自尊及社交幸福感。患有精神障碍的人普遍能够接受把锻炼作为一种治疗手段，因为锻炼让人们不再被羞耻感困扰。

药物副作用：只要方法得当，定期锻炼就不会产生副作用。虽然锻炼不可避免地会有一些暂时的副作用，如刚开始的不适应、肌肉酸痛或呼吸急促；但总体来说，锻炼的作用是非常积极的，在接下来的要诀中我们会详述相关内容。此外，合理的锻炼并不会与药物和心理治疗相冲突，相反它是传统治疗方法的有益补充（利斯，2009）。

治疗成本：锻炼是免费的。除了一双鞋子，跑步或散步不需要任何花费。当然，有些人可能会办健身卡，但如果是为了心理健康，并不一定要去健身房锻炼。此外，尽管锻炼的确需要花费时间，但即便是一周3次、每次20分钟的锻炼也可以有效改善我们的心理健康。只要我们把锻炼作为日常生活的一部分，只要我们每天都能体验到锻炼带来的积极作用，我们就会明白，锻炼所花费的时间非常值得。

心理健康锻炼

幸运的是，我那个患有产后抑郁症的朋友在每天带着孩子散步的时候，无意中发现了锻炼的功效。起初，她只是打算走出家门晒晒太阳，但很快她就发现锻炼的作用非常大。"不，不只是帮助，"她说，"锻炼彻底拯救了我。这是我每天都可以做到的一件小事，它能让我的心情好起来，让我重新找回自己。"

锻炼是我们改善心理健康最有用的方法之一。我很清楚这一点，因为我一直在从事相关研究，并从中得到了验证；我很清楚这一点，因为我既是一名心理医生，也曾是一名合格的健身教练，常年和来访者打交道，见证了锻炼对他们生活的影响；我很清楚这一点，因为我自己就是我的那个"朋友"，19年了，锻炼仍然是我主要的心理健康力量之一。我希望这本书能够让你掌握心理健康的秘诀。

这不是一本什么样的书

健身秘籍

市面上有很多关于如何塑形、健身、振奋精神的好书，但本书不在此列。本书是关于心理健康锻炼的——先动起来，然后慢慢激活身体，并养成锻炼的习惯，最终重塑身心。锻炼虽然是我们实现心理健康的重要手段，但不是本书的重点。

减肥宝典

大多数人一想到锻炼就马上想到减肥。这绝不是一本减肥宝典。这是一本通过锻炼改善心理健康的书。这是一个看待锻炼的新视角——一个透过现象看本质的视角。当然，有些人确实会因为锻炼体重有所减轻，但这不是本书的主要目标。

茶余饭后的闲书

本书旨在引发你对自己以及自己的想法、行为、习惯、欲望和动机的思考，然后学以致用。我不希望读者只是过过眼瘾，读完就抛诸脑后。我希望你投入其中，通过学习养成有益心理健康的锻炼习惯，并终身坚持。

这是一本什么样的书

内　容

本书将教给读者克服锻炼过程中的各种障碍，重拾锻炼的动力和决心以及实现心理健康成长的各种知识、技能和工具。

结　构

在第一部分（要诀1～3），你将对锻炼有更深的理解。要诀1全面概述了锻炼对身心健康的影响，深入探讨了常见的心理健康问题和障碍，简要讲述了锻炼是如何像药物一样起到治疗作用的；要诀2考察了锻炼对我们的自尊、自信和自我价值的影响，并提出了一种看待和发展自信及自我价值的新方法；要诀3是关于一家人一起锻炼以及如何通过家庭的共同参与，让锻炼更加卓有成效。

在第二部分（要诀4～6），我们将注意力集中到对锻炼的心理准备上。要诀4将考察锻炼的动机，并提供一些理论和技巧，帮助你更有开始锻炼的动力；要诀5是关于如何转变你关于锻炼的想法的，并通过认知行为疗法（CBT）教会你掌握摆脱借口以及建立身心意志力的工具。要诀6深入研究了心理健康锻炼中最常见的障碍，并概述了克服这些障碍的多种策略。

最后，也就是第三部分（要诀7～8），描述了如何实施和坚持心理健康锻炼计划。要诀7将讲授FITT原则，这是一个养成健康锻炼习惯的简单方法，然后通过分享具体策略来帮助你根据自己的具体需求制订锻炼计划；要诀8是关于如何坚持心理健康锻炼的，展示了如何创建个人的终身幸福的梦想，养成锻炼习惯，同时通过分享积极心理学的幸福原则，帮助你挖掘自身潜能，并收获长期的心理健康锻炼的回报。

设　计

为了帮读者理解和实践书中的各项原则，我在书中设计了各种各样的练习，希望大家能花些时间来完成。

这些练习有三类，包括："反思问题""思考一下"和"马上行动"。"反思问题"将引导你从各个方面探索自己，"思考一下"包含了我希望你多加思考的观点或想法，"马上行动"里面是我建议你采取的具体行动。

通过这些简单的练习，你会对自己的欲望、需求和障碍有更深的理解，并将书中所学的知识、技能和工具内化为自己的一部分，从而有效地运用到自己的生活和成长过程中。

你可以用日记本、笔记本或者电子设备（如电脑、手机）记录练习中的思考和发现，把所有内容整理到一处可以帮助你集中精力，尽可能多地从书中受益。

适用人群

本就热衷锻炼的人：建议你读读这本书，因为这本书将带给你新的知识，帮助你从锻炼中受益更多，从而改善心理健康，这本书还有助于你养成终身锻炼的习惯。

没有锻炼习惯或身心健康状况不佳的人：这本书就是专为你而写的。从中你将学习如何让自己在心理上为锻炼做好准备，学习如何让锻炼成为生活中不可或缺的一部分，学习如何最大限度地发挥心理和身体健康潜能。

介于上述两种状态之间的人：请跟我一起把书看下去，锻炼不仅可以改善你的心理健康，还能真正改变你的生活。

开始之前需要记住的事

由于本书是关于锻炼和心理健康的，所以在开始之前，有一些事情你需要记住：

本书无意取代药物治疗或心理治疗。虽然我希望本书是对你的心理和身体健康计划的一个有价值的补充，但其并不能取代专业的药物治疗或心理治疗。

获得医生批准后再开始锻炼。在没有得到医生的同意之前，不要贸然开始一个锻炼项目，即便是那些我接下来要介绍的项目。特别是当你还是个新手时，开始锻炼之前，请先去咨询你的医生，告诉她你的打算，并得到她的正式批准和专业指导。即使是那些已经有一定锻炼经验的人，在大幅改变锻炼习惯之前，也应该向医生咨询。安全永远是第一位的。

必要时寻求专业的身心健康帮助。如果你发现自己的心理健康状况正在恶化，如果你面临新的心理或身体健康挑战，建议你向医生或心理健康专家寻求帮助。必要时向专业人士求助是我们保持身心健康的最好方法之一。

第一部分

理　解

要诀 1：通过锻炼重塑身心

只有锻炼才能让人振奋精神，保持精力充沛。

——马库斯·西塞罗

你选择这本书，可能是因为你正遭受心理健康问题的困扰；你选择这本书，可能是因为你还是个不折不扣的锻炼新手；你选择这本书，可能是因为你虽然热衷锻炼，但对锻炼和心理健康之间的关联知之甚少。不管你出于何种原因，我都很欣慰你选择了这本书，因为锻炼不仅是改善身体健康最有力的工具之一，也是改善心理健康最有效的途径之一。

早在公元前 65 年，马库斯·西塞罗就明白了这个道理。然而，人们花了几个世纪才完全理解锻炼对心理健康的益处。得益于如今的科学研究以及对心理健康问题和治疗方法的不断探索与深入理解，我们长期以来的直觉——运动可以让我们的大脑保持活跃——才终于得到了充分的验证。

身心关联

人的身体和心理是密不可分的，这意味着，人的心理状况会影响到身体健康，反之亦然。打个比方，如果我得了抑郁症，又没有及时治疗，那么我的精神或情绪症状最终一定会影响到我的身体健康。抑郁症典型的身体症状有：头疼、背疼、失眠以及肌肉紧张或酸痛。据研究，抑郁症还有引发其他疾病或症状的风险，比如慢性疼痛或疲劳，甚至心脏病，这些疾病反过来也会加重抑郁症。这只是众多体现身心关联的例子中的一个（特里维迪，2004）。

"身心关联"这一概念早已被东方文化理解并应用于医疗保健，如今得益于多年来相关研究的蓬勃发展，西方世界也开始对之重视起来。相关研究清楚地表明：我们的大脑、免疫系统、内分泌系统、神经系统以及其他身体器官，与我们的情绪反应共享同一套化学语言，"它们不断地相互交流"（戈登，2001）。身体和心理是一个不可分割的整体。

也就是说，我们绝不应该再把心理健康和身体健康孤立开来，两者是休戚与共的。这也意味着，如果我们想战胜情绪困扰和精神疾病，就必须将身心治疗相结合。简而言之，如果我们想过上幸福的生活，如果我们想"好上加好"（希伯特，2013），就必须尊重"身心关联"这一事实。

为了身心健康，锻炼吧

锻炼是实现身心健康并使之均衡发展的最佳方式。锻炼可以增强我们的心脏功能和肌肉力量，有助于治疗各种健康疾病，同时还可以增强情绪复原能力、提升思维清晰度以及治疗精神疾病。

　　研究表明，锻炼对心理健康和身体健康均大有益处，但大多数成年人（81.6%）和青少年（81.8%）并没有达到专家建议的每日运动量（美国卫生与公众服务部，2008）。既然锻炼的益处如此之多，为什么还是有很多人不去锻炼呢？因为大多数人没有真正理解锻炼对身心健康的影响，而且他们也不清楚如何科学地锻炼。

　　我们将在要诀4到要诀8中讨论锻炼的"方法"，但首先我们需要了解锻炼对身体健康，尤其对心理健康的益处。

锻炼对身体健康的益处

　　第一项证实锻炼对身体健康有益的研究直到1949年才进行。流行病学家杰里·莫里斯的这项研究将公交车司机和活动相对较多的公交车售票员进行了比较，并首次证明了久坐的生活方式与心脏病之间的联系（莫里斯，1958）。莫里斯因此被誉为"锻炼研究之父"（库伯，2009）。

　　如今，大量研究证明了锻炼对身体健康的益处。具体来说，锻炼可以带来如下益处：

- 减肥并控制体重。减肥不仅是为了好看，也能改善我们的健康水平，并预防或治疗多种疾病（布莱尔，1995；帕特等，1995）。
- 降低心脏病、中风、Ⅱ型糖尿病、代谢综合征、骨质疏松症和高胆固醇的风险。锻炼还会增加高密度脂蛋白，即在植物、坚果或鱼类（如鲑鱼或金枪鱼）中发现的那种"好"的胆固醇，这有助于清除体内的有害胆固醇，保持血液流畅，保护我们的心脏健康（布莱尔，1995；帕特等，1995）。此外，锻炼也能治疗上述疾病（格里芬和特林德，1978；赫尔姆里奇等，1991）。

- 降低总体癌症发病率，尤其是结肠癌和乳腺癌的发病率。每周不低于4小时的锻炼可降低37%的乳腺癌风险（图恩等，1997）。
- 加强免疫系统，改善健康。免疫功能对我们的身心健康都有益处，免疫功能越强，疾病越少（诺斯鲁普，2006）。
- 提高睡眠质量，增加活力。锻炼会给大脑、身体和心脏输送氧气。这使我们身体状态更好，让我们白天感觉不那么疲劳，晚上睡眠更好，更加充满活力（德赖弗和泰勒，2000；格里芬和特林德，1978；罗德里格斯，2011）。
- 提高肌肉力量和质量，强化骨骼，增强身体柔韧性和灵活性。锻炼让我们的骨骼更强健，关节更灵活，肌肉更有力，从而降低锻炼时受伤的风险，并且年龄越大越是如此（亨特等，2004；威廉姆斯等，2007；尼尔逊等，2007）。
- 缓解经前综合征。锻炼可以减轻女性经前综合征引起的痉挛、腹胀，甚至与之相关的精神和情绪症状（普廖尔，1987）。
- 定期锻炼可以使人的平均寿命延长7年（贝洛克和布雷斯洛，1972）。《新英格兰医学杂志》的一项研究表明，与健康的女性相比，亚健康女性的死亡风险高出两倍（古拉蒂等，2005）。

总而言之，锻炼对健康长寿至关重要。

锻炼对心理健康的益处

锻炼也是维持长久幸福的关键。通过锻炼，我们可以在心理健康的各个方面都有明显的收获，包括我们的情感、智力、人际关系，甚至精神健康。

很多人可能一开始是为了身体健康去锻炼的——减肥、改善体质或使状态看起来更好——但我常说："要为了心理健康坚持锻炼。"对此，我和我的很多来访者深有体会。一旦你理解并体验到锻炼对自己心理健康的益处，我相信你也会感同身受。

锻炼对心理健康有哪些益处呢？根据研究，锻炼可以：

- 提高大脑中血清素、多巴胺和去甲肾上腺素的水平。这些神经递质在患有抑郁症、焦虑症或其他精神疾病的人群中通常较低。锻炼就像是一种能够提高神经递质水平并使其正常化的药物（比德尔和福克斯，1989；乔洛夫，1994，1997）。

- 增加内啡肽。有氧运动将这些让我们"感觉良好"的化学物质释放到身体中，而这些化学物质与心情和精力的改善直接相关（德登－史密斯，1978；里格斯，1981）。

- 改善情绪。疲劳或烦躁时出去散个步，焦虑时练一下举重，可以缓解紧张，增加活力，使我们感到更快乐（赛耶，2001）。锻炼绝对是改善心情的最快方法之一。

- 缓解并管理压力，进入深度放松的状态。锻炼有助于我们更有效地保持冷静和放松，增强我们承受日常烦恼的能力，从而使我们能够更有效地管理压力（梅奥医学中心，2012）。

- 降低抑郁症的发病率并缓解症状。定期锻炼具有抗抑郁的作用，其效果与通过精神类药物或心理疗法治疗中轻度抑郁症一样，这使其成为抑郁症传统治疗方法的一种很有价值的补充，甚至可以取代部分传统治疗方法。锻炼还可以预防重度抑郁症（布卢门撒尔等，2007；史密斯等，2010；利斯，2009）。

- 减少焦虑和忧虑。研究表明，锻炼可以减少、预防及治疗焦虑症和恐惧症。力量训练可以缓解身体和心理上的紧张和焦虑，有氧运动有助于减少消极想法（奥托和斯密茨，2011；斯密茨等，2008；赛耶，2001）。

- 提高思维清晰度和效率，改善认知功能。锻炼时我们的思维会更清晰，学习能力、判断力、洞察力和记忆力都会随之提升。一些研究甚至表明，锻炼与更高的智商测试分数相关（杨，1979；古丁，1966）。也有研究显示，锻炼对大脑的益处会一直延续到中年之后（辛格-马努克斯等，2005）。

- 让直觉更敏锐，增强创造力和魄力，并提升我们对生活的热情。锻炼能够增加阿尔法脑电波，这种脑电波与更强的直觉有关，并能带来更大的创造力（诺斯鲁普，2006）。一项研究表明，散步时头脑风暴的创造力比坐在办公桌前头脑风暴的创造力高60%（奥本佐和施瓦茨，2014）。锻炼也能帮我们建立自信和快乐，进而增强我们的魄力，提高我们的生活满意度（兰奈姆等，2009；瓦利恩特和阿苏，1985）。

- 提高性生活质量。健康的性生活与更好的身心健康状态有关（梅奥医学中心，2014），而锻炼可以让性生活更和谐。

- 改善人际关系。小组锻炼或双人锻炼增加了人与人之间的互动和连结，同时减少了孤独感和寂寞感（库拉斯，2015）。对一对夫妇或一个家庭来说，共同锻炼可以改善和加强家庭关系（兰斯德尔等，2003）。

- 提升自尊和对自身形象的满意度。锻炼使我们对自己的外形以及我们到底是谁这两方面都自我感觉良好（桑斯特罗姆，1984；利斯，2009）。

- 增加精神上的连结。散步、跑步、瑜伽、太极及许多其他类型的锻炼都能提高我们的自我觉知能力、活力和连结感（缪吉克等，2000）。事实上，许多人把锻炼融入了他们的精神实践中，包括笔者本人。

总的来说，锻炼是改善心情、提升幸福感和生活满意度的最佳途径之一。锻炼不仅让你更健康，还是让你过上梦寐以求的生活的关键。而且锻炼的益处不仅于此，锻炼还可以预防、治疗甚至治愈精神疾病。

锻炼是最好的良药

如果锻炼可以像吃药一样简单，那么每个人都会去做，这再好不过了。事实上，锻炼在治疗心理障碍方面几乎与药物一样有效，虽然各种研究试图用不同的理论解释锻炼治疗心理障碍的原理，但它们无疑都证明了：锻炼的确有效。

以下是一些可以通过锻炼治疗的常见心理健康问题。你目前可能正在与其中的一种或多种进行搏斗。即使你暂时没有这方面的困扰，但在整个生命旅程中，你或你爱的某个人可能至少会遇到一种心理健康问题。所以，一定要特别重视锻炼对心理健康问题的影响，这不仅可以让你对锻炼做好进一步的心理准备，还可以让你了解锻炼是如何帮助我们的。

压力和倦怠

44%的美国人比5年前（2010年，编者注）压力更大。1/5的人经历过极端压力状况，包括心悸、恐慌和抑郁。据估计，75%的人看医生与压力有关，60%的疾病是由压力引起的（美国压力学会，2015）。尽管从医学角度来看，压力本身不是一种疾病，但毫无疑问，它是许多心理和身体健康问题的源头。

许多人都认为有压力是正常的。家庭压力、职业压力、经济压力——我们把这些视为现代生活的一部分，因此从未认真寻求过减压或治疗的方法。这种认知是错误的，后果也是我们难以承受的，因为长期处在压力状况下会严重损害我们的身心健康，带来各种不适，包括头痛、肌肉和关节疼痛、肠道易激综合征、溃疡、心脏病、抑郁症、焦虑症、失眠症及许多其他精神和身体疾病（马里兰大学医学中心，2013）。长期承受压力需要付出巨大的代价，然而许多人并没有意识到这一点。压力会损害我们的健康，削弱我们处理精神和情感问题的能力。

压力过大或过于持久总有一天会让我们精疲力竭。当我们的精力逐渐耗尽时，就会产生倦怠，从而在工作、家庭生活、人际关系中或日常状态下缺乏决心和动力。当我们精疲力尽时，我们应对生活挑战的能力就会下降。即使很小的事情也会让人感到压力很大，每天的生活都是一件苦差事。如果不加控制，倦怠感会发展成身体或精神疾病，如重度抑郁症或焦虑症。梅奥医疗中心的一项研究表明，工作中的高压力或职业倦怠与疲惫、疾病、药物滥用、失眠和抑郁的发生率直接相关（贝鲁克，2009）。

压力与锻炼

锻炼是治疗短期和长期压力最健康、最有效的方法之一。它让我们的大脑远离生活的压力，有助于改善情绪，缓解紧张，提高思维清晰度。长远而言，锻炼能够减轻职业和经济压力，防止职业倦怠（戈伯等，2013），并且现有研究早已证明，它可以阻止那些通常伴随着长期压力的身体和精神疾病的恶化，如抑郁症。

当我们感到有压力时，我们能做的最好的选择之一就是开始锻炼。出去散散步，做些轻松的家务，或者打理一下花园，做任何能让你的身体动起来的事情。锻炼可以使你的头脑清醒，增强你的能量，帮助你更有效地应对压力，甚至在很多情况下，能够带给你取舍的勇气。

抑郁症

抑郁症是美国最常见的精神疾病之一，据估计，仅在2012年，就有1 600万成年人经历过至少一次严重的抑郁症发作（美国国家精神卫生研究所，2015）。每年大约有6.7%的美国成年人被临床诊断为抑郁症（凯斯勒等，2009），17%的成年人一生中会经历一次严重的抑郁症发作，其中约有一半人的抑郁症会反复发作（伊顿等，2008）。

女性患抑郁症的概率（11.7%）几乎是男性（5.6%）的两倍，抑郁症会困扰到大约15%的产后妇女和10%的孕妇（产后支持国际，2015），预计全球有10%、美国有14%的男性在妻子产后受到抑郁症的影响（保尔森等，2010）。据估计，每33名儿童中有1名、每8名青少年中有1名被临床诊断为抑郁症（抑郁症和双相情感障碍支持联盟，2015）。

临床抑郁症的症状包括悲伤、疲劳、注意力不集中、食欲和睡眠波动、对过去喜欢的事情失去兴趣、绝望或无助感、有自杀倾向，以及对自己、未来和世界抱有负面看法。抑郁症通常与许多其他身体和精神疾病相伴相生，或导致这些疾病，包括癌症、心脏病、中风、糖尿病、饮食障碍和药物滥用（抑郁症和双相情感障碍支持联盟，2015）。抑郁症带来的医疗负担在全球范围内排名第三，在高收入和中等收入国家排名第一（世界卫生组织，2008）。

抑郁症的治疗

考虑到抑郁症的普遍性和危害性，那些受它折磨的人很有必要选择一种有效和健康的治疗方式。毫无疑问，抑郁症是可治疗的，采用抗抑郁药、心理治疗、团体支持或上述治疗方法的综合疗法，4 ~ 6周即可见效，成功率为80%（抑郁症和双相情感障碍支持联盟，2015）。光疗法——每天坐在明亮的晨光下或灯箱前30分钟以上——也是治疗抑郁症、季节性情感障碍（SAD）和产后抑郁症的有效方法（特曼，2005）。电击疗法（ECT）对治疗重度抑郁症或顽固性抑郁症也是一种不错的选择（帕格尼尼等，2004），其被认为是缓解抑郁症最快的方法之一，对有重度抑郁症或自杀倾向的人尤其有效（古德伯格，2014）。虽然以上治疗方法都有效，但是只有1/3的抑郁症患者会真正寻求治疗或接受适当的护理（抑郁症和双相情感障碍支持联盟，2015）。

抑郁症与锻炼

研究表明，与抗抑郁药对治疗临床抑郁症和非临床抑郁症的效果相比，锻炼的效果与其不相上下，甚至更佳（布卢门撒尔等，2007）。锻炼在治疗中轻度抑郁症方面和心理治疗同样有效。有证据表明，定期锻炼可以将成年人抑郁症患病率减半——从1/6降低到1/12（古德温，2003）。

这对所有抑郁症患者来说都是好消息。在大多数情况下，锻炼可以提升传统治疗方法的疗效（利斯，2009），这使其成为传统治疗方法的有益补充，甚至是最佳替代。户外锻炼对于自然光疗法来说是个补充，对抑郁症患者的益处更是不言而喻。

焦虑症

许多人认为，抑郁症是美国最常见的精神疾病。抑郁症确实十分普遍，焦虑症更是无处不在。它同样被认为是最常见的精神障碍之一，包括恐惧症、社交恐惧症、恐慌症、广泛性焦虑症、强迫症、创伤后应激障碍和离别焦虑障碍（美国疾控中心，2015）。

仅在美国，就有大约 4 000 万成年人被临床诊断为焦虑症。从全球来看，发达国家每年有 10.4% 的人被临床诊断为焦虑症，而发展中国家这一数据为 5.3%。大多数情况下，焦虑症在女性中的发病率高于男性（巴克斯特等，2013）。事实上，焦虑症是女性最常见的心理健康障碍，在她们的一生中，每 3 个人中就有 1 个会受其影响。焦虑障碍也影响许多孕妇和产后妇女，3% ~ 5% 的人患有产后强迫症，6% 的人患有产后创伤后应激障碍，10% 的人患有产后恐慌症（产后支持国际，2015）。

焦虑症的治疗

焦虑症通常是由几个风险因素共同作用导致的，包括脑化学、遗传学、性格、生活事件，甚至荷尔蒙或其他生物化学激素的变化。正因如此，在治疗焦虑症时，同时关注生理和心理两方面因素是十分重要的。和抑郁症相似，焦虑症也是可治疗的，传统治疗方法包括使用抗焦虑药物和心理治疗（尤其是认知行为疗法）。

然而，和抑郁症一样，焦虑症也常常得不到及时治疗。只有约 1/3 的焦虑症患者会真正寻求治疗（美国焦虑症和抑郁症协会，2014）。原因之一是，许多人认为焦虑是生活中"正常"的一部分，直到焦虑值突破临床诊断水平，或者严重到让人无法正常生活，许多人才会寻求帮助。那些因焦虑而痛苦的人，因各种健康问题去医院的可能性是健康人群的 3 ~ 5 倍，因精神疾病住院的可能性是健康人群的 6 倍（美国焦虑症和抑郁症协会，2014）。

焦虑症得不到治疗的另一个原因是羞耻感。许多人可能觉得，承认身体问题（比如心脏病）比承认心理问题（比如恐慌发作）更容易。这只是精神疾病被污名化导致的不幸后果之一。

焦虑症与锻炼

锻炼可以有效治疗焦虑症。不管有没有明确的诊断，也不管是否采用了其他传统的治疗方法，相关研究已经证明，人们能通过锻炼降低肌肉紧张度、血压和心率来缓解自身的焦虑水平，并通过增加阿尔法脑电波产生镇静效果（利斯，2009）。还是那句话，对治疗焦虑症而言，锻炼和药物一样有效。

不幸的是，许多有焦虑症的人都很难坚持锻炼计划，因为运动量的增加所带来的身体感受与焦虑症发作时类似。这可能会让焦虑症患者感到非常不舒服，甚至对锻炼后的身体反应产生畏惧。事实上，高强度或竞技性锻炼的确会加重部分患者的焦虑症状。因此，建议那些想要缓解焦虑症状的人选择中等强度的非竞技性运动，如散步、跑步、游泳、举重或其他需要调动大肌肉群的节律性运动（利斯，2009）。这一点我们将在要诀6中详细讨论，现在最重要的是，我们要明白，只要有足够的耐心和热爱，假以时日，焦虑症患者就可以适应合理的锻炼计划。他们会逐渐体验到锻炼带来的平静，进而享受锻炼过程。

除了治疗一般性焦虑症外，研究表明，锻炼还可以显著改善各种特定的焦虑障碍症状，包括恐慌症、强迫症、创伤后应激障碍和社交恐惧症。

- 通过对焦虑障碍和锻炼相关研究的全面回顾发现，大多数研究都是关于恐慌症的。尽管有些恐慌症患者害怕并逃避锻炼，还是有很多人克服了障碍。急性和长期运动对那些恐慌症患者是安全的，并且能显著减轻他们的焦虑症状（奥康纳、拉格林和马丁森，2000）。另一项将锻炼组、安慰剂组以及抗焦虑药物治疗组进行比较的研究发现：（1）锻炼组（31%）和安慰剂组（27%）两组成员的中途退出率明显高于药物治疗组（0%）；（2）锻炼和药物治疗都显著减轻了恐慌症的症状；（3）药物干预见效最快；（4）锻炼和药物治疗两者都降低了焦虑水平，并减轻了与抑郁症相关的症状（布鲁克斯等，1998）。

- 在一项对被诊断为强迫症的患者的研究中发现，锻炼后消极情绪和焦虑症状都会减轻；而且随着时间的推移，那些坚持锻炼的人强迫症发作的频率更低（阿布兰特什等，2009）。

- 研究表明，患有创伤后应激障碍的人往往更喜欢久坐不动，身体健康问题也更大。事实证明，锻炼可以减少久坐行为，改善体质和睡眠质量，并治疗包括抑郁症在内的一系列伴随创伤后应激障碍的症状（罗森鲍姆等，2011）。

- 研究证明，对那些患有社交恐惧症的人来说，有氧运动可以减轻临床焦虑症状，同时增加幸福感。这些益处不仅出现在干预阶段，而且能持续到三个月之后（杰斯瑞等，2012）。

双相情感障碍

双相情感障碍不如焦虑症和抑郁症那么常见，据报道，其终生患病率为4%。然而，对那些遭受其折磨的人来说，控制双相情感障碍更加具有挑战性。

双相情感障碍患者有时会表现出躁狂或轻度躁狂的症状，这时的他们精神亢奋，睡眠减少，并很有可能做出一些破坏性行为；有时又会陷入深深的抑郁之中。在双相 I 型障碍中，躁狂症状通常更强烈，持续时间更长，并且症状表现更严重也更明显；而双相 II 型障碍的躁狂症状强度较低。因为双相 II 型障碍的躁狂症状往往不如双相Ⅰ型障碍那么明显或有害，所以它常被称为"抑郁症冒充者"。许多人在轻度狂躁期间通常不会寻求帮助，也不认为这是个问题，直到抑郁发作才不得已求助，这时他们很容易被误诊为抑郁症。因为患者问诊时，如果医生或心理健康专家没有对患者之前是否有过躁狂或轻度躁狂史进行调查，就很可能将其误诊为抑郁症。事实上，患者只要发作过一次躁狂或轻度躁狂，诊断时就可以往双相情感障碍这个方向考虑，因此要看出这种精神障碍是如何被误诊的很容易。这时如果给患者服用抗抑郁药物，后果尤其严重，因为这会加重患者的双相情感障碍，使患者表现得更加狂躁。

双相Ⅰ型与双相Ⅱ型障碍是治疗成本最大的心理障碍，人均花费几乎是抑郁症的两倍。它们还会带来更严重的后果，如降低工作效率、延长休假时间、增加住院次数，生活质量受到明显的影响（美国疾控中心，2015）。和焦虑症及抑郁症一样，双相情感障碍在女性中比在男性中更加常见，比例为3：2。然而男性的发病年龄往往比女性要早，平均发病年龄为25岁。

患有双相情感障碍的女性，孕期或产后情绪失调或焦虑，尤其是患产后精神病的可能性很高。平均每1 000名新生儿母亲就有1名会受到产后精神病的困扰，这种病对母亲和婴儿都会造成严重的潜在生命威胁。而那些被确诊为产后精神病的人，最后也几乎都会被诊断患有双相情感障碍。因此，患有双相情感障碍的妇女在考虑怀孕时，有必要寻求相应的专业帮助。

双相情感障碍的治疗

双相情感障碍需要终身治疗和养护，但只要护理得当，双相情感障碍患者依然可以过相对正常的生活。药物是治疗双相情感障碍首要采取的方法，常见的药物包括情绪稳定剂、抗精神病药、抗抑郁药和抗焦虑药。个人、夫妻或家庭心理治疗有助于引导双相情感障碍患者管理他们的症状，学习健康的应对策略，并处理与疾病相关的人际关系或其他问题。认知行为疗法是双相情感障碍最佳治疗方式之一。电击疗法也能有效缓解躁狂症状，并同时减轻伴随双相情感障碍而来的、严重的抑郁症状（帕格尼尼，2004，古德伯格，2014）。

双相情感障碍与锻炼

考虑到双相情感障碍的普遍性及其治疗难度，锻炼是一种更被推荐的治疗方式。研究表明，有计划的锻炼可以有效改善双相情感障碍患者的情绪、思维和身体症状。它能帮助患者在躁狂或轻度躁狂时冷静下来，提高其思维清晰度、判断力和洞察力。锻炼还可以加强双相情感障碍患者的情绪自控力和免疫力，有助于缓解他们的抑郁症状（穆罕默德等，2009）。

另外，由于双相情感障碍常被误诊为抑郁症，因误诊开出的抗抑郁处方也会引起很多后续问题，因此相对来说，锻炼是一种更安全、更健康的补充手段甚至替代疗法。锻炼对治疗双相情感障碍不仅没有任何副作用，还好处多多，因此把锻炼作为一种重要的治疗方案是非常合理的。

精神分裂症

精神分裂症影响了大约1%的人口。这是一种严重的精神疾病，会带来很高的自杀风险。大约1/3的精神分裂症患者尝试过自杀，1/10的人最终死于自杀（美国疾控中心，2015）。精神分裂症还伴随着各种其他身体和心理健康问题、较高的失业率以及较差的生活自理能力。

与焦虑症和抑郁症不同，受精神分裂症影响的男性多于女性。男性的平均发病年龄（21岁）也小于女性（27岁）。每10名患有精神分裂症的男性中就有9名会在30岁之前出现症状，相比之下，每10名女性精神分裂症患者中只有2名会在30岁之前出现症状（美国疾控中心，2015）。

精神分裂症的治疗

精神分裂症的治疗包括服用抗精神病和稳定情绪类药物，很多患者需要经常入院治疗才可以稳定他们的情绪。心理治疗和社会支持也有助于精神分裂症患者的康复，但由于精神分裂症伴有严重的思想和行为症状，这些方案的治疗依从性很低。

精神分裂症与锻炼

由于精神分裂症较为严重，而且相关药物和治疗手段的依从性也较低，锻炼是一个值得考虑的选择。研究表明，锻炼可以提高精神分裂症患者的思维清晰度，帮助他们减轻被症状压垮的感觉。锻炼可以缓解精神分裂症患者的抑郁和焦虑症状以及幻听等症状（福克纳和比德尔，1999；高尔钦斯基和福克纳，2010）。锻炼还可以改善精神分裂症患者的身体健康状况，提升他们的幸福感（伯恩哈德和尼诺特，2012）。

与药物和心理治疗一样，锻炼也需要坚持，这对精神分裂症患者来说可能充满挑战。然而研究表明，精神分裂症患者坚持锻炼计划是完全有可能的。正如我们将在接下来的要诀中讨论的，学习如何保持定期锻炼的习惯以及如何克服锻炼过程中的各种障碍，将有效帮助精神分裂症患者开启新的康复旅程。

吸毒和酗酒

据估计，2 210万12岁以上的美国人（占总人口的8.9%）达到吸毒或酗酒的标准（美国药物滥用和精神健康服务管理局，2015）。当一个人形成以下行为模式时就表示成瘾了：（1）反复使用某种物质；（2）对该物质的刺激逐渐变得麻木；（3）试图戒除该物质时会出现戒断症状。根据美国成瘾医学协会2011年的研究，那些被成瘾控制的人会有以下经历：

- 无法戒除某种物质或行为
- 行为控制受损
- 对毒品、酒精或某种行为的持续渴望——他们的身体对这些东西充满渴望，无法控制自己去想它们
- 对成瘾对他们的行为、家庭、人际、工作和生活的负面影响认知不足
- 对环境、他人和自己的情绪反应异常

成瘾行为会激活大脑的奖励系统，带来欣快感，这种感觉非常强烈，会让成瘾者忽视正常的责任和日常活动。成瘾还会严重损害执行能力，即计划、感知、学习、控制冲动以及拥有正常的洞察力和判断力的能力（美国成瘾医学协会，2011）。因此，成瘾会带来巨大的痛苦或生活障碍，包括健康、工作、人际和法律问题。个体交叉成瘾的概率也很高，许多人会同时对多种物质或行为上瘾（萨斯曼等，2011）。

据估计，2% ~ 3%的人至少有一种行为成瘾——如赌博成瘾、

网络成瘾、社交媒体成瘾、游戏成瘾、食物成瘾、性成瘾、观看色情内容成瘾，甚至锻炼成瘾（萨斯曼等，2011）。很多人认为实际数字可能更高，尽管目前的研究和统计还很难从整体上解释行为成瘾。据估计，美国和欧洲的网络成瘾率占人口的 1.5%～8.2%（卡什等，2012），每 25 个成年人中就有 1 人受到强迫性性行为的影响，或不受控制地痴迷于与性相关的想法、感觉或行为（剑桥大学，2014）。剑桥大学在 2014 年进行了一项更深入的研究，发现那些性成瘾或有强迫性性行为的人在观看色情影像时的大脑活动与吸毒者在吸毒时的大脑活动相似。从搜索引擎搜索的内容来看，25%与色情相关，每天约有 6 800 万次相关搜索（史密斯，2015），可见观看色情内容成瘾的潜在人数众多。强迫行为，包括暴饮暴食、赌博成瘾、观看色情内容成瘾，正变得越来越普遍，并与神经系统并发症、社交问题和心理障碍密切相关（卡什等，2012）。事实上，无论是物质成瘾还是行为成瘾，其主要特征之一就是：明知后果严重，仍然难以停止。

成瘾的破坏力不可小觑。毒品、酒精和行为成瘾在我们的社会中十分猖獗。我们需要通过增强意识、加强教育、提供健康的预防和治疗方案来遏制日益严重的成瘾问题。

成瘾治疗与锻炼

我们必须认真对待成瘾问题，因为它不仅会威胁生命，而且从成瘾中恢复通常需要一生的时间。最好的成瘾治疗计划需要从自我管理、社会支持以及受过特定物质或行为成瘾治疗培训的人员的专业诊疗三个方面共同着手。

不管从哪个角度来看，锻炼都是成瘾治疗计划的重要补充（福克纳与比德尔，1999）。首先，它能够改善睡眠，让思维更清晰，这可以帮助成瘾者更好地做决定；其次，锻炼可以减轻抑郁和焦虑症状，这是成瘾者选择通过自我治疗的方式克服物质或行为成瘾的常见潜在原因；最后，锻炼的情绪稳定效果也可能以健康的方式代替成瘾物带来的效果，从而降低成瘾者对该物质或行为的需求，减少复发的概率（泰勒等，1985）。

由于锻炼在恢复身心健康方面有如此强大的作用，它也可以成为那些有吸毒、酗酒或行为成瘾风险的人的预防措施。事实上，美国国家药物滥用研究所投入了430万美元用以研究上述可能性，并发现锻炼对大脑的益处对增强年轻人的抗成瘾能力十分重要。一项研究发现，经常锻炼的高中生不太可能吸食大麻或尼古丁，更不太可能染上毒瘾，这一方面可能得益于锻炼对身心健康的帮助，另一方面可能源自他们生活中的积极榜样，比如教练和老师（沃尔科夫，2011）。

不管具体原因是什么，有一点很明显：帮助年轻人走出去，积极参加体育锻炼或活动，不仅是对可能导致他们上瘾的行为和物质的健康替代，而且可以帮助他们有效预防精神和身体上的成瘾。

锻炼成瘾

因为成瘾者通常会用一种瘾来代替另一种瘾，所以锻炼成瘾也是一件需要特别注意的事情。锻炼成瘾是真实存在的，并且会对身体和心理健康构成严重威胁。锻炼成瘾的原因众说纷纭，但一般认为，与药物、酒精或行为成瘾类似，人们依赖于锻炼产生的积极感觉是其主要原因。锻炼成瘾也可能包括对身体或生活进行"控制"的强烈渴望，这种渴望通常是对饮食障碍或强迫症等某种潜在的焦虑障碍而言的。然而，潜在的焦虑和锻炼成瘾本身可能会随着健康的、有规律的锻炼而改善，这与其说是得益于锻炼对身体健康的影响，不如说是得益于锻炼对心理健康的影响。

饮食障碍、身体形象与锻炼

在过去，由于其与疾病本身的关系，锻炼作为一种治疗饮食障碍的"药物"常常被忽视。的确，那些有饮食障碍的人通常会通过锻炼来控制体重。然而，最近的研究表明，锻炼是非常有益的。锻炼的确可以改善外貌和体型，但对于患有饮食障碍的人而言，与其说是锻炼带来的身体方面的益处改变了他们，不如说是锻炼带来的心理方面的益处改变了他们（库克等，2011）。

饮食障碍往往会带来高度的潜在焦虑，也经常与强迫症有关。我们已经讨论了许多通过锻炼治疗焦虑症的方法，这些方法对治疗饮食障碍同样有效。锻炼可以让人放松，缓解紧张和焦虑，提高情绪，这些都有助于改善饮食障碍。锻炼对自尊和抑郁的影响也可以降低饮食障碍的风险或对饮食障碍的治疗起到辅助作用（库克等，2011）。

人格障碍与锻炼

人格障碍包括自恋型人格障碍、边缘型人格障碍、依赖型人格障碍和表演型人格障碍，人格障碍十分普遍并且极具危害性。它们很难被根治，因为它们已根深蒂固地融入一个人所有的生活细节中，并且通常那些深陷其中的人并不觉得他们需要接受帮助。

尽管关于锻炼是如何改善人格障碍的，研究结论不尽相同，但无一否认锻炼的积极功效。对那些善于计划并坚持锻炼的人来说，锻炼可以提高他们的洞察力、判断力和思维清晰度，从而缓解人格障碍症状。锻炼还可以治疗相关潜在疾病，如焦虑症或抑郁症，这些疾病会加重人格障碍。最后，锻炼可以积极影响甚至改变人格特质，如社交能力、内在动力、魄力、神经敏感度、情绪稳定性和自信（明尼苏达大学德卢斯分校，日期不详）。对想要改变自己性格的人来说，这是个很好的消息——锻炼是自我完善的关键。

认知衰退、痴呆与锻炼

阿尔茨海默病（Alzheimer's disease）是美国第六大死亡原因，也是65岁以上人群第五大死亡原因。目前大约有530万美国人被诊断为阿尔茨海默病，预计到2050年，这个数字将增加一倍以上（美国疾控中心，2015）。

研究表明，在年轻的时候加强锻炼，可以有效预防晚年认知能力下降，提高思维清晰度和心理功能，保持身心健康与活力（拉尔森等，2006）。有氧运动可以增加大脑的供氧量，从而减少对老年人脑细胞的损伤。此外，锻炼也可以提高专注度，增强人的计划或思考能力。与他人一起锻炼还可以改善人际关系，对老年人而言更是如此（阿尔茨海默病协会，2015）。

我们没有必要为了对抗认知能力下降而疯狂锻炼，只需要开始锻炼，并且保持下去。

悲伤与锻炼

失去和悲伤是一种难以避免的人生体验。如果你还没有感受过悲伤的刺痛，做好心理准备，因为你早晚会遇到。我们会面临各种各样的失去，死亡、离婚、失业、经济损失、不孕不育、失去梦想……悲伤通常源自失去心爱的人或物，尽管悲伤不是一种心理疾病，但它可能是人生一道很难迈过的坎儿。许多人试图忽视、否认或填补悲伤，羞于承认自己的情感需求。一些人被悲伤压垮后，深陷悲伤的泥潭数年而不能自拔。这不仅会对人际关系和生活产生重大影响，还可能发展成病理性悲伤，需要进行心理干预和治疗。

据估计，大约10%～20%失去亲人的人符合所谓复杂性悲伤的标准。复杂性悲伤是一种病理性悲伤，通常那些患有抑郁症、焦虑症或其他精神疾病的人在失去生命中非常重要的人时会产生复杂性悲伤。其症状包括：对逝者的强烈思念，沉浸于回忆逝者音容笑貌时的悲痛、自责和愤怒中，回避能让人想起逝者的人、地方或情境，以及难以发展积极的人际关系和情感（谢尔，2010）。

无论是正常的悲伤还是复杂性悲伤，都必须得到纾解，锻炼就是一个很好的方法。研究表明，锻炼有助于我们从自己的思维中走出来。内啡肽有助于缓解悲伤带来的抑郁和伤感。出去晒晒太阳，看看周围的人，会让我们重新感受到周围世界的美好。锻炼还能增强自信，帮助我们重新掌控生活。可以说，锻炼是我们克服悲伤的重要手段之一。

其他心理健康困扰

我们上面说的是一些较为严重的心理健康问题，还有许多其他容易被忽略的心理健康困扰，也同样可以从锻炼中受益。

坏心情

我们都经历过糟糕的日子——我们的生活并不遂我们所愿的

日子。锻炼是我们应对坏心情能做的最好的选择之一。研究表明，锻炼不仅能够带给我们面对挑战所需的精力和清醒的头脑，而且就处理消极情绪而言，相比各种放松技巧或刻意制造快乐转移注意力的方法，锻炼的效果更好（诺斯等，1990）。研究还表明，有氧运动对改善与精神不济相关的消极情绪效果显著，而举重或力量训练对与压力、紧张或焦虑相关的消极情绪最为有效（赛耶，2001）。

慢性病

锻炼对那些患有慢性疾病，如心血管疾病、纤维肌痛和帕金森病的患者十分有益。首先，锻炼可以改善许多疾病的身体症状，降低胆固醇和血压，增强心脏功能，向大脑和身体输送更多的血液和氧气，增长肌肉，控制体重。锻炼还能缓解那些通常与慢性病伴生的抑郁症状。随着时间的推移，锻炼可以减少患者的药物依赖。同时，锻炼可以减轻心理压力，让人感觉更放松，调整因疾病导致的低迷状态（赫林等，2012）。此外，即便是休闲体育运动也能明显降低与心血管和癌症相关的死亡率（阿罗约和施泰因，2015）。

慢性疼痛

在专业人士的监护下，通过针对性的康复方案，结合拉伸运动和肌肉强化训练，可以改善慢性疼痛（海登等，2005）。尽管人们常常因为疼痛而难以坚持锻炼，但研究表明，总的来说，锻炼对患有慢性背痛等疾病的人来说是安全的，而且可以增加背部的灵活性和力量。研究还表明，锻炼可以有效改善慢性背痛等疾病带来的认知、情感和行为障碍（兰维尔等，2004）。

家庭矛盾

家庭关系问题是世界上最常见的心理健康挑战之一，在某种程度上，影响着我们所有人。事实证明，一起锻炼可以改善各种类型的家庭关系，帮助你解决家庭关系问题，增加亲密度。一起锻炼的夫妻不仅共处的时间更多，彼此间的交流也更加顺畅，他们可以在锻炼时一起谈论工作、家庭和彼此的关系。研究表明，和伴侣一起锻炼甚至可以增强锻炼效果，因为当你们一起面对挑战时，有一个互相关心的人在身边，你会感到更快乐、更有动力、更热爱锻炼。一起锻炼会让夫妻双方对彼此的关系更有安全感，这也为他们共同面对其他更重要的挑战播下了一颗种子，进而带来更健康的身体、思想和关系。研究还表明，亲子关系也可以通过一起锻炼得到加强。一项针对久坐一族的母女的研究发现，在为期12周的共同锻炼后，无论是家庭组还是大学组的母女都认为，她们的亲子关系得到了改善（兰斯戴尔等，2003）。

这样的例子还有很多。锻炼几乎对任何我们可能经历的心理健康问题都会产生积极的影响。如果以上案例还不够清楚，那么看看下面的案例，可能会对你有所帮助。

锻炼如何改善心理健康

关于锻炼如何改善心理健康有几种不同的理论，但目前似乎还没有一种理论可以解释一切。然而，了解一些与锻炼相关的主流理论，能够帮助我们更好地理解锻炼是如何影响我们的心理健康的。

内啡肽假说

内啡肽是锻炼时大脑释放的让我们"感觉良好"的化学物质。内啡肽实际上具有和吗啡类似的化学结构，并能够减轻疼痛、调节情绪和产生欣快感，这种欣快感通常被称为"跑者高潮"。人们相信，这种欣快感有助于缓解抑郁、焦虑和其他消极情绪，从而改善心理健康。这也许是最流行的理论，尽管其背后的研究并不特别引人关注（利斯，2009）。

单胺假说

这一理论认为，锻炼通过改变大脑中的单胺类物质，如血清素、多巴胺和去甲肾上腺素，来改善心理健康。当这类神经递质在大脑中含量过低时，就会出现情绪症状、精神痛苦或疾病。许多研究都发现锻炼能够增加大脑中的神经递质水平，因此这一假说是比较令人信服的（利斯，2009）。

抗炎理论

消炎药能改善心脏健康，降低抑郁水平和延长寿命，而锻炼是一种天然的消炎药。研究表明，仅仅参加休闲体育运动就有抗炎作用。一项研究报告称，那些经常锻炼的人即使10年后体内的炎症相关指标也较低（哈默尔等，2012）。

其他理论包括：自我效能论（当我们相信自己能够做成某件事并付诸行动时，我们会自我感觉更好，这有助于我们的心理健康）、产热假说（随着锻炼后体温的升高，我们会进入深度的慢波睡眠，这会使我们感到放松，并有助于恢复精力）、分心假说（当我们从压力中转移注意力或者通过锻炼获得"休息时间"时，我们会感到精神焕发）（利斯，2009）。

不管什么理论，都一致表明：锻炼是有效的。它可以显著改善我们的心理健康水平，从而提高我们的生活满意度。当然，这取决于我们如何利用它。

让我们来看一个通过锻炼改善心理健康的真实案例。

从生存到绽放：梅切尔的故事

当她20多年的婚姻突然结束时，梅切尔发现她的世界崩塌了。她的财务状况一团糟，有个孩子需要抚养，她在自我怀疑、恐惧和痛苦中挣扎。每当她想起即将成为"前任"的丈夫的话"你永远无法独立！"时，她就咬牙切齿，结果导致了严重的牙痛。她的压抑感越来越强。"它用孤独的手指紧紧地缠绕着我，"她说，"挤压着我的灵魂。"

在接下来的几个月里，梅切尔甚至害怕起床。她不想动。她只想躺在那里，避开所有折磨她的责任。一天早上，当她躺在床上时，她浮肿的双眼忽然注意到房间的一个角落。在阳光下，她看到了她跑鞋的粉色鞋带。"那鞋带穿过地毯，伸向我，呼唤我。"她说。整整一个星期，当她躺在床上时，鞋带就在那里呼唤着她，整整一个星期，她回避着它们。翻身是她唯一的运动。直到有一天，当她的儿子练习完摔跤，精力充沛又开开心心地回到家时，梅切尔才醒悟，内心有个声音说："我也想体会他的感受，那时我的眼睛终于可以直视那些粉色鞋带了。"

为了平息脑海中的消极声音，梅切尔告诉自己，最多跑到不远处的邮箱就回屋。她做到了，一步也没多跑。这次慢跑对她产生了一些影响，改变了她的一天。她尝到了一点锻炼的甜头，她还想要更多。那天晚上，她写下了跑到小区尽头的目标。第二天，她又做到了。从此，写下她的跑步目标成了她每晚的惯例，当她醒来时，那些写在闹钟旁边的目标让她想起了跑步时的兴奋，再次把她从被窝里拽出来——日复一日，周复一周。

这并不容易。很多次，梅切尔跪在树林里，伤心欲绝地哭泣和尖叫。有时当她被极端的情感痛苦麻痹得动弹不得时，她会躺下来，去感受痛苦的侵袭。当她尝试感受这些痛苦时，她开始学会让自己平静下来，信任自己，最终她拥有了足够的自信来面对恐惧。

"几个月后，有趣的事情发生了，"梅切尔说，"我不再哭泣了。我可以直面我的痛苦，跟它打招呼，并且发现我能对付它。当我面对痛苦时，我克服了恐惧。然后，我开始尽全力让自己变得更强。"梅切尔开始努力改变自己的想法，把消极的自我暗示变成积极的口头禅和自我肯定。"这种积极的自我暗示就像系鞋带一样成为我跑步的一部分，"她说，"我会在布满灰尘的小道上一遍又一遍地重复这些话。跑一步说'勇敢',下一步说'坚强',再一步说'你可以'。"

这些口号如今成了梅切尔生活的支撑。"我勇敢,我坚强,我可以。我离开那个可怕的环境已经很多年了,不仅我自己变成了一个快乐、高效、有尊严、有魅力的人,我的孩子也是。我们不仅活过来了,而且活得很好。想知道我的牙齿怎么样了吗?它们早就不疼了,当我笑对我的新生活时,你很容易看到希望。"

心理健康锻炼 = 终身锻炼

看到锻炼给梅切尔和她的家人带来的变化,你觉得锻炼可以给你带来什么益处?

锻炼可能是我们能为自己的情感、心理、身体、社交和精神健康做的最好的事情。这无疑是治疗和预防精神疾病最安全、最简单、最有效的方法之一,几乎等同于药物治疗。这就是锻炼可以为心理健康赋予的力量:重塑身心,让自己变得更强大,守护我们的一生。

反思问题：锻炼与心理健康

1. 回顾并思考上述所有的锻炼益处。哪个对你最有吸引力？你最希望收获什么，标记出来，然后写在下面的横线上或者抄在自己的日记本或笔记本上。

_____

_____

_____

_____

2. 回忆一下你在锻炼后感觉良好的时刻，可以是你一生中任何时刻做的任何运动。也许是小时候跳完舞之后，也许是大学体育课练习完举重之后，也许是上周和朋友一起锻炼之后。不管是什么，把它记在心里，试着回忆你当时的感受。

a. 尽可能详细地描述这项活动的细节。

_____

_____

_____

_____

b. 做完这些锻炼后，对你的心理和身体健康有哪些益处？你是否觉得精力更充沛、心情更愉快，或更自信？你是否睡得更好，感觉更放松，或在接下来的一天感觉压力更小了？尽可能多地列出你能想到的，就算只能想起一件事，也没关系。

_____

_____

_____

_____

_____

c. 锻炼后，什么让你感觉良好？是和朋友们在一起，是享受大自然，还是因为做了自己喜欢的事情？尽可能多地找出那些促使你锻炼，并有助于提升你积极体验的事情。

_____

_____

_____

_____

（如果你一开始什么也想不出来，请继续思考。即使是一些久远的记忆，也能让你找回当时的积极体验。如果你还是想不起来，请跟随我继续阅读。这本书将帮助你学会如何在锻炼后找到积极的反馈。这是最重要的事情。）

3. 把你在前面第一项和第二项练习中所写的锻炼益处详细罗列出来。然后，在学习其他要诀时继续补充你的锻炼益处列表。当你质疑为什么要这么努力时，看看这个列表，它会让你为了心理健康和更美好的生活继续保持锻炼的动力。

_____

_____

_____

_____

_____

要诀2：通过锻炼提升自尊

变得美丽意味着做回你自己。你不需要被别人接受，你只需接受自己。

——一行禅师

大多数专家都认为，自尊是心理健康的一个重要方面，我同意这一点：自尊似乎是我的来访者们寻求治疗的几乎所有问题的根源。他们嘴上说他们来求诊是因为抑郁症、焦虑症或关系问题，但追根究底，真正的问题从来都是与自尊的抗争。

自尊可以被定义为我们对自己的看法或者我们对自己的感觉。健康的自尊意味着我们对自己、他人和生活有相对积极的看法。我们一般称之为"高自尊"，它与更健康的行为相关联，包括具备更强的独立性、领导能力、生活适应能力和抗压能力（福克斯，2000），参与更多的运动和锻炼，保持更健康的饮食习惯，很少吸烟，不容易轻生（托雷斯和费尔南德斯，1995）。

"低自尊"则不利于我们的健康，通常可能会让我们抑郁、焦虑、自信心不足，产生绝望感和自杀念头，个人控制感变差（福克斯，2000）。此外，低自尊也会让我们对自我要求更苛刻，产生消极思维，无法有效应对生活的挑战，使整体的心理健康水平下降，发展成临床性抑郁症、焦虑症、自杀倾向、饮食障碍、应激障碍、药物滥用和其他精神疾病的可能性更大（曼恩等，2004）。

事实上，自尊是与主观幸福感最直接相关的指标之一。它是心理健康和生活质量的一个重要方面（迪那，1984）。对"自己是谁"和"自己怎么样"感觉良好，有助于我们积极应对各种生活状况，处理与他人的关系，并帮助我们在面对挑战时充满信心和同情心。健康的自尊会促使我们更积极地锻炼，而更积极的锻炼反过来也会提高我们的自尊（福克斯，2000）。因此，如果我们想要一个丰富、健康和幸福的生活，培养健康的自尊是至关重要的。而锻炼可以在帮助我们实现这一目标方面发挥重要作用。

影响心理健康的三要素

自尊来自我们的生活经历。无论好坏，从很小的时候开始，我们的家庭、学校、工作、朋友和社区就在塑造着我们的自尊。自尊也被我们的身体和大脑经历的脑化学物质、荷尔蒙和其他生物物质的变化所影响。这就是我所说的影响心理健康的三要素：第一，脑化学物质；第二，荷尔蒙等生物学因素；第三，生活经历。如果少了其中任何一个要素，我们都会自我感觉更差，也更有可能感到自卑。

理解影响心理健康的三要素，有助于人们转变观念，认识到精神疾病不是一种"缺陷"，并且通常它远不止我们表面所看到的那样简单。理解影响心理健康的三要素，能够让我去帮助那些与抑郁症、焦虑症、双相情感障碍等疾病作斗争的人，去理解各种"为什么"。"为什么"是有心理健康困扰的人常常会问到的问题。"我为什么会得抑郁症？""为什么我没有'足够坚强'到可以摆脱这种焦虑？"理解了这三个要素如何在我们的心中引发"地震"，就回答了这些"为什么"。而理解"为什么"对解决与自尊相关的问题很有帮助。在我们继续往下讲之前，请允许我更加深入地解释每一个要素。

脑化学物质

我们现在的大脑和我们小时候的大脑不一样。随着时间的推移，大脑会被我们的身心健康水平、荷尔蒙及其他化学变化甚至生活经历所改变。当我们患上精神疾病时，这是大脑正在挣扎的一个信号——大脑中的神经递质，如血清素和多巴胺，没有正常工作。精神类药物和心理治疗都有助于纠正这些失调，锻炼也是如此。

荷尔蒙等生物学因素

荷尔蒙是身体的化学信使，它们由脑垂体这一主腺体分泌。主腺体会向其他腺体发送信号，然后释放荷尔蒙来调节代谢和情绪，从而引起饥饿感或体温变化，让身体为青春期、分娩期或更年期的各种变化做好准备，控制生殖周期，刺激或抑制生长。由于荷尔蒙对身体发育的各阶段均有重要影响，并且它们是由大脑产生并直接释放到血液中的，所以自然会引起广泛的情绪困扰，尤其是当我们面临巨大的荷尔蒙波动时，比如青春期、孕期或产后以及围绝经期。荷尔蒙也是大脑中与心理健康相关的神经递质的直接前体。当荷尔蒙发生变化时，神经递质也会发生变化。这会导致情绪或心理健康的急剧变化，对于那些对荷尔蒙变化比较敏感的人来说更是如此。

生活经历

大多数人都没有意识到生活经历对大脑的影响。压力、创伤、失去、精神疾病、家庭问题和成长背景——每一个方面都会直接影响大脑，改变大脑的化学成分，导致精神疾病的发作，并使荷尔蒙的变化更加显著和让人难以忍受。

"地震"

这些东西堆积在一起，给我们的大脑造成压力，最终导致震动或"地震"，如一场严重的精神疾病。就像大陆板块随时间而漂移并最终引发地震一样，我们的大脑也是如此。（我在西塞尔和德里斯科尔2000年的优秀论著中第一次看到"地震"这个隐喻，今天我将它用在这里。）

在詹妮弗年幼时，她的父母就离异了。这对她和她两个哥哥来说十分艰难，但是她说她很"坚强"，所以她会努力接受现实。十几岁时，詹妮弗开始被经前综合征困扰。每个月她都要跟自己的情绪症状做斗争，她本就紧张的家庭氛围因此更加剑拔弩张，她的哥哥们取笑她，叫她"疯子"，这让事情变得更糟。詹妮弗决心再也不要被任何人称为疯子了。上大学时，詹妮弗深爱的祖母去世了，她悲痛欲绝。起初，她告诉自己："这只是悲伤。"但几个月过去了，她的症状开始恶化，导致她有史以来第一次好几门大学课程的考试没通过。詹妮弗不得不承认，也许事情没有想的那么简单。她的父母送她去做心理咨询，当她找到我的时候，很明显，詹妮弗患有严重的抑郁症。詹妮弗不想成为一个抑郁的人，她告诉自己，这是一种"懦弱"的表现，好像她"永远不再疯狂"的目标行将失败一样。其实，詹妮弗需要的是一个重新看待事物的方式，一个可以增强而非削弱她的自我价值的方式。

当我向她解释"地震"这个隐喻时，詹妮弗认识到，她父母的离婚，加上她身体对荷尔蒙的敏感，还有她在青少年时期与自尊抗争时缺乏支持的那段经历，改变了她大脑的化学反应，这使她很容易患上心理疾病。当她的祖母去世时——嘣——地震爆发了。多年来，她大脑中的板块一直在漂移着，一次创伤性经历就足以让一切变得支离破碎。理解了这一点，詹妮弗就接受了自己的抑郁，也不再认为抑郁会让她变得"懦弱"。一旦她能看到自己心理问题的多方面成因，她就能够接受它们，而自我接纳是实现自我价值的关键。

马上行动："地震"评估表

登录 http：//www.exercise4mentalhealth.com，下载一份我改编自西塞尔和德里斯科尔（1999）的"'地震'评估表"或直接使用下表。在这张表上，写下你的生活经历、荷尔蒙变化和脑化学变化。然后回顾心理健康三要素的工作机制，看看它们是如何在你的生活中引起震动或"地震"（如精神或情感斗争）的，并把上述内容填在"外在表现"这一栏。最后试着用心理健康三要素这个框架来理解你生活中的震动或"地震"的意义，并搞清"为什么"这个问题。（观看视频示例，请访问上述网站。）

表1 "地震"评估表

外在表现/机能	
脑化学	
生活压力/经历	
荷尔蒙变化	
年龄	

"追求自尊"只是一个神话

前文我们谈到了人类对自尊的需求，但这是一个悖论。问题就在于，我们以往被教导的追求自尊的方式往往是没有用的。无数来访者告诉我，多年来，他们一直在努力提高自尊，但仍然没能找回自信和价值感。他们付出了巨大的努力，但还是没有任何结果。这是为什么？我很好奇，于是走上了一条关于自尊的理论和实验研究的漫长道路。

如果说这些年来我对自尊有何感悟的话，那就是之前我们对它的认识都是错误的。我们被教导要追求自尊，但也许"追求自尊"本身只是一个神话。自尊是我们对"自己到底是谁"的看法或感觉，但不是真实的自己。我们总是"试图多想想自己好的一面"或"试图多爱自己一点"，却没有意识到这都只是"副产品"。如果我们不确定自己到底是谁，我们如何能真正爱自己，看到自己好的一面，并相信自己呢？

也许追求自尊并不能给我们带来自尊。这就是为什么许多人多年来尽管一直在努力地阅读、学习或实践获得"高自尊"的方法却仍然觉得自己"不够好"的原因。也许恰恰相反，所谓的自尊或者那种"我们是值得被爱的，我们是有价值的，我们是有能力的"的感觉，只能通过深入挖掘和发现真实的自我来提高。也许，我们可以通过提升自我价值感来提高自尊。

什么是自我价值？

我们每个人都有能力做伟大的事情，感受爱，并释放我们在锻炼、健康或生活的任何方面的最大潜力。这就是自我价值。我把自我价值定义为："理解并接受自我的真正价值的能力——理解'我'的存在不仅仅是我的身体、思想、情感或行为，试着用上帝视角，跳出自我看自己，接受某种神圣的爱，并学会以同样的方式爱自己。"当我们挖掘到那个更深刻、更真实以及永恒的自我时，我们就能发现自我价值，并感受到自尊。

自我价值是自然而然、与生俱来、人人皆有的。与自尊不同，它不仅仅是自我评价。相反，它是把各种评价和批评放在一边，去体会和接受真实的那个存在。虽然我们通常会把"自尊"和"自我价值"两个概念混用，但在我看来，它们有着非常不同的含义。只有发现自我价值，我们才可能开始体验自尊。没有对"我们是谁"的真正认识，任何积极的想法或感觉，甚至锻炼，都无济于事。

自我价值、自尊与锻炼

这一切与锻炼和心理健康有什么关系？自尊和自我价值会影响我们的心理健康，锻炼也会，由此可以推导出，锻炼也与更健康的自尊相关联，反之亦然。研究表明：

- 体育活动会显著影响孩子的胜任能力和自我价值感。那些在体育活动中感受到更多家庭支持的人，或者身边有很多热爱锻炼的家人或朋友的人，更有可能去运动或参加其他体育活动（《让我们动起来》，2015）。
- 有规律的锻炼可以增强自尊、自信、自我效能（相信自己可以在生活中发挥作用）、自我接纳和自我意识（如何看待自己）。当我们锻炼时，我们会更加积极，更加充满爱心和自信（科恩和苏瓦玛，2009）。
- 锻炼还可以通过改善潜在的心理健康问题来提高自尊和自我价值感。锻炼可以减少抑郁、焦虑、紧张和压力，从而增强自尊（科恩和苏瓦玛，2009）。
- 锻炼对自尊的影响不分年龄。锻炼能够增加儿童、青少年和青年人的自我价值感（艾肯兰德等，2004）；锻炼对11岁及以下的女孩尤其有用，能够帮助她们培养持续一生的自信心（施迈茨等，2007）。锻炼可以提高中年人在生理上的自我认知，让他们对健康、外表、自我价值和整体心理健康有着更高的评价（福克斯，2000）。研究表明，锻炼还能使老年人的自我价值感发生积极的变化，提高他们对身体的信心，增加他们所欠缺的社会健康和支持（福克斯，2000）。
- 女性通过锻炼提升自尊的潜力是最大的。女性在自信、身体形象、体育活动和自尊方面的原始自我认知水平较低，因而比男性更倾向于寻求自我价值认同。这可能也说明了为什么她们可以通过锻炼在自尊上得到很大的提升，因为她们起点较低（里格，1991）。

- 总的来说，锻炼最有可能提升那些起点低的人的自尊，包括那些身体欠佳的人、身体状况逐渐变差的中老年人、超重或肥胖的人，以及那些患有抑郁症和其他精神疾病的人（福克斯，2000）。

然而有趣的是，从青春期开始，定期锻炼或参加体育运动，与更加积极的"身体自我认知"的关联并不十分明显（塞斯川姆、史派利奥提斯和法瓦，1992）。虽然锻炼与苗条的身材和健康明显相关，但是苗条的身材和健康与积极的身体自我认知只有微弱的关联。那些努力改善自己的身体形象的人，尤其是女性和有过饮食障碍或过度锻炼的人，并不会因为锻炼而自我评价更高（福克斯，2000）；而那些超重或健康状况较差的人似乎更容易体验到积极的身体自我认知所带来的益处。

这一点很重要，因为这说明对某些问题而言，如饮食障碍、锻炼成瘾和低自尊，锻炼不是首选的治疗方案。相反，在这种情况下，更好的选择应该是先去寻求心理治疗，建立自尊和自我价值感，在自我价值感的基础牢固之后，再加入锻炼。

锻炼和自尊哪个更重要？

研究人员一直在探索自尊和锻炼哪个更重要。我们知道，那些积极锻炼的人通常有比较健康的自尊，并且我们普遍认为这种关系是双向的。那些已经有着高自尊的人，更有可能去锻炼或参加体育运动，尤其是那些对自己的体能和外表有信心的人。而那些自尊和身体自我认知较低的人，包括那些患有抑郁症、焦虑症和其他心理健康障碍的人，不太可能进行有规律的身体锻炼。然而恰恰是这一群人可以从锻炼中获得最大的好处。研究表明，经常锻炼能增加积极的自我感觉和评价，这意味着有规律的锻炼可以让他们感到更自信、更有能力、更健康，从而获得更高的整体自尊（福克斯，2000）。

虽然研究没有直接点明，但我们可以归纳出通过锻炼提高自尊的几种机制。首先，锻炼可以改善情绪，增强积极的自我认知，而这反过来又会对自尊产生积极的影响；其次，锻炼可以改善有些人对身体形象的满意度和接受度，从而提高整体自尊；再次，锻炼让我们对自己的身体更加自信，这有助于改善我们对自己的整体感觉；然后，锻炼能够帮助我们对自己的外表、健康和身体机能更有掌控感，从而增强自我效能感；最后，锻炼（尤其是小组锻炼）可以改善人际关系，增加归属感，这对自尊的发展尤为重要（福克斯，2000）。

总的来说，这些因素相互作用，从而改善思维、身体和自尊。因为锻炼可以帮助我们改善身体、心理、情绪、人际和精神等方面的健康水平，所以锻炼也能为我们带来更高的生活质量和自我价值感。当我们坚持有规律的锻炼时，我们会表现出更强的驱动力和专注度，这两者都与更高的自尊和自我认知有关（福克斯，2000）。总之，不管锻炼如何发挥作用，锻炼与自尊都是相辅相成的。

锻炼、自尊与自我价值

既然锻炼与我们的心理健康和幸福如此密不可分，那为什么它对我们的自我认知，尤其是我们的身体自我认知影响甚微呢？我认为，这是因为太多人仍然察觉不到自己的价值所在。即使别人都说"你很重要！你很有价值！你是一个了不起的人！"，我们仍然不会相信。相反，我们只相信自己的"证据"——过往经验所带给我们的那些或真或假的想法、信念和认知。这些"证据"告诉我们："我不够好。"

把自尊建立在外在因素之上是有问题的。研究表明，将自我价值建立在外貌、学业成绩、体能或他人的认可等外在因素之上，会导致更大的愤怒、压力、人际关系和学业问题，并加剧酗酒、吸毒和饮食障碍等问题（克罗克，2002）。

相比之下，那些把自我价值建立在内在的、恒定的因素之上的人——比如做一个善良的人，遵守道德标准——在生活中往往会取得更大的成功，如更好的成绩，饮食障碍、吸毒或酗酒的可能性更低。事实上，在一项研究中，那些把自我价值建立在外在因素（如学习成绩）之上的学生，整体自尊较低，即使他们的分数比别人高（克罗克，2002）。这表明，拥有真正的、深刻的自我价值感，而不是把它建立在自我认知和自尊的基础之上的力量有多强大。

理解自我价值对成功通过锻炼改善心理健康至关重要，它让我们相信自己具备这方面的能力、潜力和毅力。当我们感到自信时，我们不仅更有可能去锻炼，也更有可能放下那些阻碍我们前进、让我们感觉自己是个"失败者"的自我认知和信念。我们更有可能克服各种困难，抛弃那些不健康的思想和信念，保持锻炼的动力并全力以赴。正如心理学家纳撒尼尔·布兰登所言："我们的自我价值感水平对我们生活的各个方面都有着深远的影响：从我们的工作方式，我们的人际相处之道，我们有可能上升到什么高度、达到什么成就等社会层面，到我们可能会爱上什么样的人，我们如何与我们的伴侣、孩子和朋友沟通互动，我们能达到什么样的个人幸福水平等个人层面。"人人都需要自我价值。

自我价值金字塔

自我价值金字塔是我为了揭示、发现和找回自我价值而创建的模型。它让我们从对自尊的思考、感受和评价，转向对我们是谁、我们有什么能力的更深层次的理解。

与自尊不同，自我价值不是我们可以"通过努力得到"的。它不是基于任何人对我们的看法，也不是基于我们对自己的想法或感觉。人人都拥有自我价值，重要的是，我们要从多年来他人、经验以及固有思维给我们打造的牢笼中走出来。我接待过无数来访者，从来没有碰到一个没有潜在自我价值的人，但是他们大多不知道如何挖掘和利用自我价值。在这方面，自我价值金字塔将会对你有所帮助。自我价值金字塔的工作原理如下文所述。

如图1所示，自我价值金字塔有三层基础：（1）自我意

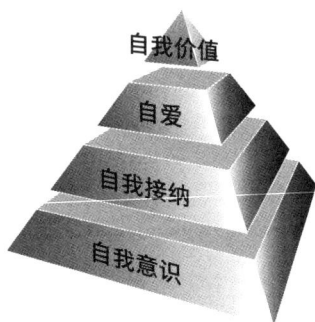

图1　自我价值金字塔

识；（2）自我接纳；（3）自爱。这三个层面共同构建了自我价值。

自我意识

自我意识意味着大胆去探索自身好的或坏的、优秀的或丑陋的品质，这些品质让你与众不同、才华横溢又跌宕起伏；让你敢于面对自己的一切，并明白每个人都有自己的优点和缺点。如果你不了解自己，就很难去爱或者接纳自己。当我们敞开心扉，并审视真实的自我——我们的行为方式、想法和信念、感受、优点和缺点——我们才能学会接纳它。而接纳对自我价值的建立至关重要。

做自我意识训练，一开始是很难的，尤其当你还不习惯坦诚地面对自己的时候。许多人很难看到自己的缺点，更难看到自己的优点。举例来说，当我们第一次去健身房，在镜子里看到身边都是些大块头的时候，只想找个地方躲起来。但我们还是要坚持下去。自我意识是一件神奇的法宝，并且只有真相才能带给你真正的自由。

马上行动：自我意识

在你的日记本、笔记本、电子设备或这本书上，创建两个列表。首先是你的优势列表。你擅长什么（尤其在锻炼和心理健康方面）？别人告诉你他们喜欢你什么？你喜欢做什么，或者你觉得自己能够为这个世界做些什么？然后，列出你的不足。你在与什么做斗争，尤其在锻炼和心理健康方面？你想克服哪些弱点？我们都有优势和不足，学会面对它们是学会接纳、拥抱或克服它们的第一步。

我的优势

_____

_____

_____

_____

_____

我的不足

_____

_____

_____

_____

_____

自我接纳

一旦我们看清自己是谁，是怎样的人，我们就必须学会接纳它。对大多数人来说，这是最艰难的一步，这个过程通常会持续一生。我们每个人在锻炼和心理健康方面都有一定的优势和不足。有些人在运动方面天赋惊人，或者拥有强大的意志力、动力和决心；有些人则在体力、协调性、灵活性或心血管功能方面先天不足，或者缺乏专注力和自信心。一些人锻炼是因为他们讨厌自己的身体，我希望当我们接纳了自己并相信自己的潜力之后，能够学会爱自己的身体和思想，并珍惜我们所拥有的力量。

接纳我们本来的样子

自我接纳的本质是看清真相并顺其自然。这尽管很难，但很重要。当我们学会全盘接纳自己的时候（包括优势与不足），我们就能体验到真实的自我价值——不依赖于我们的想法、感觉、行为或他人对我们的评价。"我知道这不是我擅长的事情，但我有信心，我正在努力。""我擅长很多其他事情，不一定非要纠缠于这件事。""我还远没有达到自己想要的状态，但是我会假装我已经达到了。我会一直努力，不会放弃。"当我们可以说以上这些话时，我们就具备了自我价值。

对一些人来说，承认和接纳自己的弱点十分困难。我们通常错误地认为，缺点会让人变得"软弱"。事实上，情况正好相反。相比于做一个真实的人并拥抱自我价值，隐藏并伪装自己、特别在乎别人对自己的看法以及过分关注"自尊"会让我们显得软弱得多。承认和接纳自己的不足本身就是一种优点。例如，有些人会说："我不太擅长团队运动，所以我选择做瑜伽。"或"我关节不好，所以我更喜欢游泳。"有些人甚至可以承认："我就是没办法让自己动起来。我能让自己锻炼的唯一方法就是做一些看起来不像锻炼的事情。"当我们接纳了自己的不足时，我们就可以让锻炼的效果更明显，然后扬长避短。这样做是拥抱自我价值的一种表现。

另一方面，我们也必须承认自己的优势。"我真的很能走。""早上起床后我的身体柔韧性非常好。"或"我很会跟孩子们打成一片。"承认这些有助于我们在锻炼中发现乐趣。研究表明，当我们发现并利用自己的优势时，我们会体验到更大的幸福感和生活满意度（塞利格曼，2004）。

马上行动：自我接纳

回到上面你的优势和不足列表，把列表上的每一点大声读出来，并问问自己："我接受自己的这一点吗？"重点关注那些让你不确定、感到焦虑或不舒服的特质，这些可能是你尚未接纳的特质。把它们圈出来，然后试着用我们正在学习的方法接受它们。

自 爱

做自我意识和自我接纳的练习是学会自爱——努力去爱真实的自己和那个我们有可能成为的人——的前提。仅仅学会如何自我接纳还不够。如果我们想体验自我价值，就必须学会自爱。

以下四个技巧可以帮助我们做到自爱：

- **善待自己。**包括做一些对自己好一点的事情，比如和伴侣一起出门逛逛，给朋友打电话聊聊天，忙完一整天后点份外卖，或者在一个美丽的夏日早晨来一场徒步旅行。善待自己让我们在心理和情感上更加健康，因为它让我们的需求被看到和满足。善良、友爱、体贴，像对待别人一样对待自己，并让自己有机会展现优点和缺点，这样你才能有所成长。
- **自我关怀。**当你没有按计划锻炼时，不要批评自己，对自己宽仁一点。告诉自己，没有关系，明天你可以把今天缺的补上，然后就让它过去。与其对自己的身体或心理健康状况心有不满，不如出去散散步，和朋友聊聊天，或者见一见一直想看的心理咨询师。对自己要有慈悲之心。
- **接受爱。**如果我们阻挡、忽视或拒绝爱，就不可能感受到自我价值。自爱让我们敞开心扉，接受他人更多的爱，从而让爱在给予和接受之间循环。下次有人称赞你的时候，大方地说声"谢谢"。迎接陌生人的微笑。在需要帮助时，勇于求助并坦然接受他人的帮助。只要你敞开心扉，你的心里会有更多的爱。

- **拥抱更伟大的爱。**拥抱那个超越我们个体的、更伟大的爱，是自我价值实现的基础。在这个伟大的爱面前，我们的价值仅仅出于我们的存在本身。如果我们选择去发现并接纳这个伟大的爱，就能体验充满恩典的神圣力量。

总之，以上几个方面共同创造了自我价值，或一种"自己是有用的、可爱的和有潜力的"的体验。这种潜力可以有效发挥锻炼的作用，让你在心理健康和自尊方面收获颇丰，并且受益终身。这种潜力可以帮助你实现梦想，成为自己想成为的那种不可思议的人。

马上行动：自爱

自爱的练习会使用到你的优势和不足列表以及自我接纳练习的笔记。选择其中一个优点和不足，并运用以上四个关于如何做到自爱的技巧中的至少一个进行练习。例如，如果你正在努力接纳自己是一个好的领导者这样的角色，那么你可以通过组织一次小组锻炼来创造展示你领导技能的机会。这样你既可以帮助他人，又可以锻炼身体，当你的朋友感谢你时，你可以练习使用"接受爱"这个技巧。然后选一个缺点进行同样的练习。当你觉得自己的这个特质已经比较容易接受了，选择下一个，直到把列表上所有的优势和不足都按照这个方法做一遍。

建立自我价值的其他工具

还记得要诀1中梅切尔的故事吗？当梅切尔的婚姻结束时，她感觉自己的生活也结束了。沮丧和痛苦的感觉使她动弹不得，让她对自己和自己的处境充满了消极的信念和想法。很显然，故事中的梅切尔寻回自我价值、快乐和健康的道路漫长而痛苦，但她选择了这条道路并为此努力，最终，晨跑成了梅切尔的救生索。尽管她还是满怀痛苦，但晨跑促使她勇敢前行，让她逐渐找回自信，完成自我救赎。

自我价值有待于我们去发现并感受，然后将所发现的东西付诸实践。除了践行自我价值金字塔模型里的原则，以下工具也可以帮助你像梅切尔一样突破自己，去追寻你想要的。

摒弃消极的自我暗示

如果你正在寻求自信和力量，那么你需要及时察觉并摒弃消极的自我暗示，因为这会有损你的自我价值感。当你意识到自己是谁，并能够接纳和爱真正的自己时，你会发现，你曾经拥有的消极的想法和感受都是有问题的。关键是要意识到这些消极想法的存在并阻止它们，或者把它们转变为更积极、更有帮助、更充满爱的自我暗示。我们将在要诀5中学习改变思维和想法的策略。现在我们先试着倾听内心的负面声音，并在它们出现时质疑或摒弃它们。

允许自己悲伤

梅切尔发现跑步有助于她的自我成长，并让她可以坦然为自己失去婚姻而悲伤。如果你曾经历过某种重大失去，无论是最近还是过去，至今尚未痊愈，是时候采取行动了，而锻炼会对你有所帮助。未经处理的悲伤会导致心理健康问题，尤其当它深藏在内心时，会影响自我价值。自我接纳意味着我们必须全方位接受自己，哪怕是痛苦的失去和悲伤。

通常，我们不允许自己悲伤，因为我们根本不知道如何悲伤。我经常听到有人在面临失去时问这样一个问题："我该如何去悲伤？"我的回答一直都是："顺其自然。"几年前，我创建了一个"眼泪（TEARS）模型"来帮助人们度过悲伤时期，T代表倾诉（Talking），E代表锻炼或体育活动（Exercise or physical activity），A代表艺术表达和创造（Artistic expression and creativity），R代表将经验和情感记录下来（Recording and writing experiences and emotions），S代表哭泣（Sobbing）。

- **谈谈你失去了什么**（Talk about your losses）。告诉尽可能多的爱你的人和信任的朋友你失去了什么，直到你感到痛苦有所缓解。与咨询师、信仰领袖或医生谈谈，尤其当你需要外部支持来处理悲伤的时候，尽管说出来。
- **锻炼**（Exercise）。这是一本关于锻炼的书，但其实我在还未写这本书之前就开始锻炼了，因为锻炼的益处显而易见。想办法让自己动起来。举重或做俯卧撑可以放松因悲伤而紧张的肌肉。走路、骑自行车或爬山可以化解因悲伤而导致的沮丧或愤怒。和孩子在院子里嬉戏玩耍或一起参加团队运动可以振奋精神。动起来！
- **艺术和创作**（Be Artistic and creative）。画画、写作、唱歌、跳舞、雕刻……利用你的创造力来修复伤痛。和你的孩子一起为逝去的亲人制作一个关于最美好的回忆的相册。通过舞蹈释放你离婚的悲伤。我失去过许多心爱的人，几乎在每次离别后，我都会给他们写一首歌。写歌让我可以把我的感觉和爱表达出来，它就是悲伤的全部。

- **记录你的感受**（Record or write how you're feeling）。去记日记、写信、涂鸦或做任何其他类似可以帮助你纾解情绪的事情。一段时间之后，当你重新看到这些内容时，你会更好地理解它们。
- **哭泣**（Sob）。哭出来吧，把一切都发泄出来，只要你需要。

相信自己是值得的

经历了锻炼的治愈，梅切尔最大的收获是，知道自己是值得的。跑步让梅切尔内心变得强大，也造就了如今的她。"我勇敢、坚强、有能力。"她现在这样评价自己，而她也的确变得如此。

在心理健康锻炼方面，我们最大的挑战往往是自己。我们拒绝相信自己是值得的——值得有自己的时间，值得努力和成功。那就让我来告诉你吧："你值得！"你值得拥有那些离开伴侣和孩子、属于自己的时间，你值得那些为计划和进行身体锻炼付出的努力，你也值得拥有更健康的心理、更安宁和幸福的生活。

你值得。用这句话反复提醒自己。把它写在便利贴上，贴在镜子上，然后用这个要诀里的原则和工具来向自己证明这一点，接受并相信它。

反思问题：自尊和自我价值

1. 关注自己对自我、锻炼和心理健康的想法和信念。你曾听到过内心消极的自我暗示吗？如果有，是什么？把你想到的都在下面的画线处写下来。

_____

_____

_____

_____

2. 在你的生活中，是否有一些藏得很深且可能会影响你的心理健康锻炼的伤痛？如果有，请找出它们并写下来，然后用"眼泪模型"帮助自己舒缓伤痛。日常的挫败（如失去安全感、目标、计划）和自我价值是如何影响你的锻炼和心理健康的？

_____

_____

_____

_____

3. 谈到锻炼和心理健康，你相信自己吗？你觉得自己有斗志吗？为什么有或者为什么没有？什么样的自我暗示能够激发你的斗志？

_____

_____

_____

_____

4. 回顾上面关于自尊的研究和思考，你有何感想？你是否认为追求自尊仅仅是一个神话？你有没有发现自己被自己的想法、感觉、行为、他人对你的看法或对自尊的追求所限制？它们是如何影响你的锻炼和心理健康的？

_____

_____

_____

_____

_____

5. 写下你对自我价值和自我价值金字塔的看法。对你来说，最难的是哪一点，自我意识、自我接纳还是自爱？为什么？

_____

_____

_____

_____

6. 继续通过上面的练习来建立自我价值，你也可以加上自己的想法。关注自己在这方面的进展，并将它们记录下来。

_____

_____

_____

_____

要诀3：一家人一起锻炼

一个人要想抵御衰老，就必须通过锻炼、学习和爱，让身体、头脑和心灵同时在路上，并保持同等活力。

——艾伦·布里斯代尔

前面我们谈论了如何从内部建立和拥抱自我价值，现在我们来看看家庭可能对我们造成的外部影响，如我们对自己的看法、我们对锻炼的感受以及我们的心理和情绪健康。

家庭是影响我们对自己的看法最重要的因素之一，家庭决定了我们如何看待自己，如何看待这个世界，以及对许多其他事情的态度，其中包括身体锻炼。家庭也是影响我们心理健康的最大因素之一。健康的家庭环境可以促进和增强心理健康，而不健康的家庭环境则会诱发或导致精神疾病。因此，一家人一起锻炼对身心健康能产生终身影响，这毫不奇怪。当一个家庭能养成积极锻炼的习惯时，整个家庭在身体和精神上都会受益匪浅。

心理健康与家庭

无论你是跟家人住在一起，还是已经独立，或介于两者之间，抑或两者之外，你的家庭在你的心理健康和锻炼方面所扮演的角色的重要性，可能超乎你的想象。首先，我们需要对家庭成员的普遍心理健康状况做一个了解，包括儿童、青少年和父母；然后，我们将进一步了解锻炼是如何影响家庭中每一个群体的，并学习改善整个家庭锻炼氛围的方法。

儿童心理健康

要诀1中介绍的锻炼方法对身体和心理健康的益处同样适用于儿童，锻炼也会对大脑发育产生积极影响。帮助孩子活跃起来可以大大改善他们的情绪、注意力、自尊和整体幸福感。如果我们能让孩子们动起来，不仅可以治疗心理健康问题，还可以预防潜在的心理疾病，并让他们养成有益于心理健康的终身锻炼的习惯。

儿童心理障碍比大多数人认为的更普遍。研究表明，目前有1 500万儿童被诊断出患有心理障碍，并且由于遗传、家庭、学校、社会和群体压力，有更多儿童面临着极高的患上精神疾病的风险（美国心理学协会，2015）。事实上，儿童精神疾病的确诊数量正呈上升趋势，基于儿科统计数据，2010年只有8.1%的儿童患有精神疾病，而到了2013年这一数字为10.5%，上升了29%（宋，2013）。最常见的儿童心理健康问题，按照患病率从高到低排序，依次为：注意力缺陷多动障碍（ADHD）、行为障碍、焦虑症、抑郁症和自闭症（佩鲁等，2013）。

婴幼儿通常无法意识到自己的心理或情感健康状况。洞察力和抽象思维能力是直到青春期才开始发育的，人的大脑要到25岁左右才发育完全。再加上孩子们难以控制自己所处的环境、家庭抚养方式和成长经历，他们的心理健康不免与身体健康、学习成绩、家庭和社会关系紧密交织在一起。

青少年心理健康

青春期给心理健康带来了一系列全新的挑战，它们有一个共同的名字：荷尔蒙躁动。随着儿童进入青春期，荷尔蒙水平会明显增加，从而进入我们称之为青春期的身心发展阶段。这个阶段的青少年，不仅身体会发生很大变化，而且随着荷尔蒙的变化，他们的情绪也会波动、爆发，甚至引发精神疾病，从而对他们的大脑造成严重的损害。

此外，青春期是一个人建立自我认知的时期，生命中最大的困惑之一就是"我是谁？"。随着大脑的发育以及抽象和批判性思维的出现，青少年开始形成自己的思想、信念和人生经验，了解自己在这个世界上的角色以及世界是如何运转的。这个阶段是一个人成长的关键阶段，也是一个容易受到校内外活动或家庭压力影响，甚至引发精神疾病的阶段。

随着儿童年龄的增长并步入青春期，患抑郁症的风险实际上也在增加，据估计，11%的青少年在18岁前有过抑郁症（美国国家精神卫生研究所，2015年），3/4被诊断患有精神疾病的人在24岁前会出现相关症状（美国卫生与公众服务部，2015）。青春期乃至成年早期是一个敏感的时期，在青少年阶段未经治疗的精神疾病往往会发展成为慢性精神疾病。

儿童及青少年与心理健康治疗

总之，种种事实证明了教育和早期干预对帮助儿童及青少年度过高风险的艰难岁月的必要性。年轻人可以根据情况选择心理治疗、药物治疗或综合治疗。越早接受治疗，效果越好（美国国家精神卫生研究所，2009）。

不幸的是，只有大约7%的儿童能够得到他们所需的帮助（美国公共卫生服务，2000），据估计，60%患有抑郁症的青少年根本得不到任何治疗（美国药物滥用和精神健康服务管理局，2014）。如果孩子酗酒或吸毒，父母很可能会干预，但那些沉迷于电视、不参加锻炼或睡眠不足的青少年很容易被忽略。此外，父母可能不了解儿童及青少年精神疾病的性质和严重性，由此导致他们无法得到足够的重视和治疗。

由于担心副作用，许多父母和心理健康工作者对儿童及青少年用药持谨慎态度。他们担心的原因是孩子们的大脑仍处于发育中。尽管在大多数情况下，药物治疗非常有效，但是仍然难以做出给孩子用药的选择。对儿童及青少年来说，心理治疗是非常有价值的，尤其当他们的父母或监护人也愿意参与到治疗过程中的时候。大多数学校都会设置心理咨询师的岗位，为大家提供免费治疗。然而由于耻辱感、时间投入和经济考虑，许多孩子从未接受过心理治疗。而有时候，那些有机会进行心理咨询的孩子，他们的父母又不愿意参与到治疗过程中。

无论选择哪种治疗方式，锻炼都是一种有效的替代或补充。锻炼不仅经济、安全、健康，而且对身体和心理健康都有帮助。让孩子参与更多的户外活动，也有助于他们摆脱对屏幕的过度依赖，而屏幕依赖会导致心理健康状况欠佳（比德尔和阿萨尔，2011）。说到锻炼，我们大多数时候关注的是如何通过锻炼减肥和保持身体健康。这固然很重要，然而我必须要立场鲜明地强调：增加儿童及青少年的锻炼和体育活动是我们对减少和预防儿童精神疾病，提高整体心理健康水平和生活满意度能做的最好选择之一。

父母心理健康

父母同样有遭遇心理健康问题的风险，从怀孕开始，风险就一直存在。

据估算，1/5 的女性会经历产后抑郁症，15% 的人会经历孕期抑郁症，多达 6% 的孕妇和 10% 的产后妇女会经历各种形式的焦虑症，包括恐慌症、强迫症或创伤后应激障碍。这些统称为围产期情绪和焦虑症。它们绝非简单的心理感觉，而是真实存在的心理疾病，受其影响的母亲比我们大多数人想象的都要多。这表明了生育经历会给女性带来很大的压力，并让她们变得脆弱。事实上，一个女人在分娩后的那段时间，患上精神病的可能性是她一生中其他任何时候的 30 倍，每 1 000 个新手妈妈中就有 1 个会经历产后抑郁症，这是一种严重的具有潜在生命威胁的疾病，需要立刻治疗以保护母婴安全。

父亲同样也会经历产后抑郁症。据估计，全球有多达 10% 的父亲和 14% 的美国父亲患有产后抑郁症，即父亲产后抑郁症（PPND）（保尔森，2010）。当父母中的一方情绪低落时，另一方也有 50% 的可能情绪低落。这可能会给夫妻关系带来巨大压力，产后第一年通常被认为是夫妻离婚率或分居率最高的时期（亚利桑那州产后健康联盟，2005）。

压力大和睡眠不足在成年人中也非常常见，尤其对已经为人父母的人来说。压力和睡眠的影响是双向的：睡眠不足会导致压力增大，而压力增大又会导致睡眠不足，两者都会对身体和心理健康产生不利影响。睡眠问题从产后开始，会持续数月甚至数年，导致严重的身心健康问题。由于忙碌的工作和家庭生活似乎没完没了，失眠症会一直持续到中年。此外，除了工作和个人生活，父母还有照顾、抚养、陪伴和教育孩子的责任。即使是那些没有孩子的成年人，到了中年也可能需要照顾年迈的父母或家庭成员，所有这些都会带来巨大的压力。

更年期可能是中年女性心理健康问题的一个重要因素，因为随着月经周期开始拉长，月经量开始减少，女性会出现一些身体和情绪上的症状。这些症状会严重干扰她们的心理健康，并且与育龄期相似，给人际关系带来巨大压力。

对男性来说，"中年危机"同样很常见，会导致中年男性的酗酒率和自杀率增高（多希尼，2008），给夫妻和家庭关系带来严重问题。

总的来说，每个家庭成员都可能面临各自独特的心理健康问题。考虑到锻炼的诸多功效，其几乎是改善家庭心理健康的最佳方式。

体育锻炼与家庭

不幸的是，大多数家庭成员并没有定期锻炼的习惯。

儿童及青少年与体育锻炼

孩子们根本达不到当下的体育锻炼标准。美国国家健康研究所对39个州进行了一项调查，调查了近1万名11～16岁学生的锻炼水平、饮食习惯、情绪健康、身体形象和生活满意度，发现只有一半的美国青少年每周会锻炼至少5天，吃水果和蔬菜的人不到1/3。总之，报告称74%的儿童及青少年的生活方式不够健康（扬诺蒂和王，2013）。

这项研究的另一个有趣的地方是，研究人员把年轻人分为三种不同的类型：健康的（27%）、不健康的（26%）和一般的（47%）。他们发现"一般的"年轻人比其他两类更有可能超重或肥胖，并表现出更多的对体型的不满。不健康的年轻人更有可能营养不良或体重不足，他们会花费更多时间沉迷于电视、电子游戏和电脑等屏幕，患抑郁症的可能性最高，生活满意度最低。而健康的青少年大多每周至少锻炼5天，他们最不可能吃甜食或看电视，他们的抑郁率最低，生活满意度最高。然而总的来说，这项研究报告表示，所有群体都可以改善他们的健康和锻炼习惯（扬诺蒂和王，2013）。但最令人沮丧的是，大多数美国儿童对身体形象和生活的满意度越来越低（奥尔森，2013）。

美国心脏协会建议所有2岁及以上的儿童应该"每天至少进行60分钟愉快的、中等强度的、与发育相适应的、多样化的体育锻炼"。没错，2岁的孩子应该开始有规律地进行体育锻炼。然而事实是，每天只有1/3的儿童会进行锻炼，现在的儿童平均每天花在屏幕前的时间超过7个半小时（健康、运动与营养总统委员会，2015）。青少年落后得更远，据估计有80%的青少年没有得到足够的日常锻炼（美国卫生与公众服务部，2015）。

不仅年轻人有这个问题，成年人亦是如此。

成年人与体育锻炼

对育龄期、中年期及类似敏感时期的心理健康而言，锻炼是一种有价值的预防和治疗选择。研究表明，锻炼可以显著提升孕妇、产后妇女和男性的情绪，应该被视为治疗的首要选择，对那些担心抗抑郁药副作用的母亲而言更是如此（戴利、麦克阿瑟和温特，2007）。锻炼不仅对父母是安全的，对婴儿和儿童同样安全。锻炼还能促进父母在怀孕、产后和育儿期间的身心健康，是难得的双赢选择。

然而，许多父母和成年人都没有锻炼的习惯。

- 据估计，不到5%的成年人每天会进行30分钟的体育锻炼（美国农业部，2010），只有1/3的成年人每周能够达到建议的运动量（美国卫生与公众服务部，2010）。
- 65~74岁的成年人中只有28%~34%会坚持体育锻炼，而75岁及以上的人中坚持体育锻炼的有35%~44%（美国疾控中心，2011）。
- 总的来说，超过80%的成年人没有达到建议的有氧运动和力量训练量（美国卫生与公众服务部，2015）。

成年人缺乏锻炼的原因有很多。一旦为人父母，人们的生活重心就会从自身转移到孩子身上。虽然这种转变的好处毋庸置疑，但是很多父母却因此忽略了自己的身心健康。有些人觉得，忙碌的生活削弱了体育锻炼在他们心中的重要性。当然，睡眠不足以及新手父母所面临的沉重责任都会影响他们锻炼的动力和能力。最后，对于刚生完宝宝或者正在抚养婴幼儿的父母来说，想要找到锻炼的时间和空间更是难上加难。

研究表明，约会和婚姻似乎都不会影响锻炼水平，但有了孩子绝对会减少成年人的体育锻炼。一项研究发现，有孩子的人进行体育锻炼的时间每周会减少3小时，其中66%的人体育锻炼水平低于他们无子女同龄人的平均水平（赫尔等，2010）。对于各个年龄段的成年人来说，体育锻炼的两大障碍都是时间和压力。因此，一家人一起锻炼是个不错的选择。将锻炼与家庭时间相结合，不仅节省时间，而且是一种极好的减压方法，有助于保持家人间的亲密关系。

一家人一起锻炼益处很多，选择这一方式的部分理由包括：能够同时给父母和孩子带来益处，也是建立更牢固家庭关系的好方法。

一起锻炼的家庭……

锻炼不是20多岁人的专属；锻炼不是运动员和身体协调的人的特权；锻炼不只是为了减肥；锻炼也不仅限于生命的某个特定时段。人的一生都可以体验锻炼带来的益处，每个人生阶段都有其独特的馈赠。当我们放眼一生，观察锻炼对家庭的影响时，不难发现，对一个家庭而言，锻炼是我们可以养成的最有价值的习惯之一，它可以使我们终身热爱锻炼，并保持最佳的心理健康状态。

研究一致表明，拥有支持自己的家庭和朋友，是促使年轻人锻炼最有力的因素之一（邓肯和斯特莱克，2005），可以帮助年轻人养成锻炼习惯，并一直持续到成年。对家庭的其他成员也是如此。以家庭为单位的干预措施和体育锻炼方法，可以加强关于锻炼的正确价值观和信念，养成终身锻炼的习惯（布吕斯塔，2010）。

"一起锻炼的家庭"有无限可能。一家人一起锻炼不仅有利于每个家庭成员，而且有益于整个家庭，这些好处会以各种各样的方式体现出来。我们来看一下研究结果。

一起保有健康的身心状态

在要诀1中，我们探讨了锻炼是如何有益于心理健康的。现在想象一下，你的整个家庭都能从中获益。事实上，这不只是想象。

要诀1中探讨的所有锻炼对身体健康的益处同样适用于家庭中的儿童、青少年和任何年龄段的成年人。锻炼对家庭很重要，因为它可以降低患心脏病的风险、控制体重、提高学习成绩以及延长预期寿命（巴尔加瓦，2014）。此外，要诀1中列出的所有对心理健康的益处也都适用于每个家庭成员。一家人一起锻炼可以改善心理和情绪健康水平、减轻压力和焦虑、提高每个人的幸福感和整体生活满意度，从而让一个家庭更快乐、更健康。

在一项调查关于中风患者康复过程的研究中，患者被随机分为对照组（接受常规治疗，包括非家庭锻炼）和实验组（以家庭为单位，接受常规治疗和家庭锻炼计划——家庭成员被要求每天进行系统的、足量的锻炼）。结果表明，以家庭为单位的锻炼计划不仅提高了中风患者的自信心，让他们获得了更积极的体验，而且他们的照护者与对照组的相比，压力显著降低，照护者的照护技能也有所提升（高尔文等，2011）。

这只是众多一家人一起锻炼从而让所有家庭成员受益的案例之一。想要在更健康、更幸福、更令人满意的家庭中生活，人们不仅需要保持身体健康（即均衡的营养和饮食），还需要能促进心理健康的教育、实践以及锻炼。

一起增长自我价值和自信

在要诀 2 中，我们讨论了如何通过锻炼让我们的自我感觉更好，并带来更高的自我价值感。自决理论解释了这种情况是如何发生的。根据自决理论，当我们有如下体验时更有动力进行体育锻炼：（1）我们觉得自己能够胜任；（2）我们觉得自己能在锻炼中发挥个人的控制力；（3）我们在锻炼时感到与他人有很强的联系。

研究表明，当孩子们感觉在体育锻炼中能够胜任自己的角色时，他们更有可能参与体育锻炼，并认为这是"有趣的"（布鲁斯塔德，2010）。事实上，成年人也有同样的感觉。我们喜欢做自己擅长的事情；当我们觉得能胜任一件事情的时候，会更享受它。体育锻炼中的胜任感和信心会影响我们的终身锻炼习惯和实践（布鲁斯塔德，2010）。每个家庭都要明白的重要的一点是，家庭支持是增强孩子在体育锻炼中的个人控制感和胜任感的最佳途径之一（德泽瓦尔托夫斯基等，2010），这些孩子更有可能成长为重视并坚持锻炼的人。简而言之，当孩子（或成年人）感到他们的内在动力，即当他们在锻炼中能够感到自信、有控制感并且与他人紧密相连时，他们更有可能开始并坚持锻炼。而家庭是培养这种内在动力的理想场所。

我们最初是在家庭中获得自我价值和自信的。如果我们希望我们的孩子和伴侣为了心理健康养成终身锻炼的习惯，我们也应该努力展示自我价值和自信。当我们为家庭成员提供积极尝试新的锻炼项目的机会，鼓励和引导彼此学习新的锻炼技巧，一起实践并共享欢乐，我们的自信和自我价值将会共同成长。

一起享受锻炼的乐趣

锻炼不仅有益身心，如果方法得当，对灵魂也有益处。锻炼可以并且应当是有趣的。锻炼可以让我们与家人和朋友一起玩耍、欢笑、创造共同的记忆。孩子们都喜欢有趣的锻炼方式，游戏、运动以及跳绳、捉迷藏、蹦床等活动都是很好的选择。

但不要认为只有孩子们才可以从锻炼中获得乐趣。那些让孩子的锻炼变得有趣的父母也会体验到锻炼的乐趣。一家人一起骑自行车，徒步旅行，在夕阳西下的时候散散步，来一场家庭足球比赛，或者去森林探险，这些看似不像锻炼的活动都可以给家人带来欢笑，留下美好回忆。在不知不觉中，帮助孩子们消耗多余的能量，保持清醒的头脑，让他们的身心健康得到改善，并养成受益一生的健康的习惯。如果我们能找到让锻炼变得有趣的方法，就能让整个家庭爱上锻炼，并坚持下去（巴尔加瓦，2014）。

一起保持活跃的身体状态

毫无疑问，父母的支持和榜样是那些保持活跃的身体状态的人能一生都坚持锻炼的最大因素之一。研究表明，体育锻炼的习惯会从一个人的童年时期延续到青少年时期乃至成年时期，这意味着活跃的儿童往往会是活跃的青少年，同样会是活跃的成年人（布鲁斯塔德，1993；佩特等，1996）。

家庭在这方面扮演着极其重要的角色。活跃的父母通常会培养出活跃的孩子。一项针对4～7岁儿童的研究发现，活跃的父母培养出来的孩子其活跃的可能性是不活跃的父母培养出来的孩子的6倍。他们还发现，父母一方很活跃的孩子比父母都不活跃的孩子活跃的可能性高出 3 倍以上（摩尔等，1991）。更多研究表明，家庭成员之间（即母亲—父亲、父亲—儿子、母亲—女儿、兄弟姐妹等）的身体活跃水平会互相影响（塞阿布拉等，2008），这更有力地证明了一起锻炼的家庭往往会一起保持活跃的状态。

相伴在一起

一家人一起锻炼不仅会给每个家庭成员带来身体和心理健康——尽管这已然是一个巨大的回报——也让整个家庭变得更健康。一起锻炼不仅能让孩子们筋疲力尽，更早睡觉，睡得更久（对父母来说，这是一个福利），更能拉近家庭关系。

如果一家人能够经常一起出去散步、骑车、爬山、游泳、短途旅行、跑步、游戏或探险，你不仅可以养成终身锻炼的习惯，还能拥有繁忙的现代家庭迫切需要的高质量相聚时光（特罗斯特和洛普林齐，2011）。一家人一起锻炼可以增进彼此的感情，创造美好的回忆，增强家庭归属感和凝聚力。还有什么比这更好的呢？

家庭对锻炼与心理健康态度的影响

希望前文能给你启发，让你的家庭开始锻炼起来。但首先你必须明白，锻炼与我们对心理健康的态度之间的关系，而我们对心理健康的态度会受到我们的信念、价值观以及原生家庭的影响。

我们的家庭对心理健康和体育锻炼的价值观、信念和态度毫无疑问会影响我们（布鲁斯塔德，2010）。孩子们在努力形成对自己的能力和好恶的信念以及对体育锻炼和心理健康关系的态度时，容易受父母的意见和判断的影响。大多数情况下，我们最初的信念和价值观直接来源于我们的父母和家庭。到小学早期，孩子们往往会形成相对稳定的对体育活动和锻炼的态度和信念（布鲁斯塔德，1993；罗丝等，2009）以及其他方面的信念，如对合理的营养和饮食的看法、对精神疾病的态度以及对心理、情绪、社会和精神健康的信念，所有这些都是在家庭环境中学习和强化的。

我们已经讨论了家庭成员的锻炼水平是如何趋于相似的。同样，家庭成员对体育锻炼的态度和信念也是相似的。这是有道理的，因为家庭是我们最开始接触各种体育锻炼及相关信念的地方。当我们在一个不重视甚至贬抑锻炼的家庭中长大时，要想让我们重视锻炼是很难的。父母是孩子锻炼的"守门人"，他们要么会鼓励、要么会限制孩子出去活动。父母在体育锻炼方面的信念、态度和习惯也强烈影响着他们的孩子（布鲁斯塔德，2010）。

但这并不意味着我们无法改变父母传下来的信念和态度。这仅仅意味着，如果我们忽视可能会对我们形成阻碍的家庭价值观和态度，我们就更加难以重视锻炼对心理健康的作用。我们中的许多人可能甚至没有注意到我们对心理健康和锻炼的信念及态度源自我们的原生家庭，也没有意识到这些信念和态度是如何阻碍我们的。只有理解了我们对心理健康和锻炼的态度背后的价值观及信念，我们才能超越它们。

接下来，请拿出一支笔，找一个安静的地方，给自己几分钟时间诚实地回答以下关于你的原生家庭的态度、信念、价值观和习惯方面的问题。然后，给自己一点时间来思考这些问题会如何影响你对锻炼与心理健康的态度、信念、价值观和习惯。

反思问题：原生家庭

1. 用5分制来评价你的原生家庭在锻炼方面的活跃程度（1＝完全不活跃；5＝非常活跃）你认为你在锻炼方面的活跃程度跟你的原生家庭是相似的还是不同的？为什么？

_____

_____

_____

_____

_____

2. 关于锻炼和体育活动，你的家人有什么样的观点、想法或信念？

_____

_____

_____

_____

3. 你的家人对精神疾病、心理健康以及此类疾病的治疗或预防有什么样的信念或价值观？

_____

_____

_____

_____

_____

4. 你原生家庭的价值观对你关于锻炼和心理健康的价值观和

信念有什么影响？

_____

_____

_____

_____

_____

5. 小时候，你曾觉得自己有体育锻炼方面的天赋吗？你认为你的家庭在哪些方面影响了你在体育锻炼中的自信？在你建立信心的过程中他们是否给过你支持？他们是否限制或阻碍了你在锻炼方面自信心的建立？或者他们对支持和鼓励你参加体育锻炼这件事是否不太上心？你对此有什么感受？如今，对于参加体育锻炼你有多大的自信？

_____

_____

_____

_____

_____

一家人一起锻炼面临的挑战

信念和态度不是一家人一起锻炼面临的唯一挑战。由于各种原因，让每个家庭成员都参与进来可能并不容易。

对儿童来说，一些常见的挑战包括：

- **找不到锻炼的乐趣**，这可能是儿童不喜欢锻炼的最大原因之一。

但我们可以改变这一点。

- **更喜欢做那些不太需要动的事情。**对许多儿童来说，看电视、打游戏或玩电脑比起床去运动更有吸引力。
- **第一次锻炼就感觉很尴尬。**当他们不知道该怎么做时，会打击他们的信心，让他们还没开始锻炼就放弃了。
- **锻炼过，但觉得不舒服或很难。**所有人刚开始锻炼的时候都会有这种感觉，但我们可以克服它。我们将在下文学习相应的方法。

青少年也面临着一些"独特"的挑战，这些挑战让他们很难有锻炼的意愿：

- **他们"太忙"了。**课外作业、社交活动和家务劳动已经让青少年忙乱不已。要想在他们原本忙碌的生活中再增加一件事情真的很难。
- **他们太累了。**青少年都很累，而且是非常累。他们实际上需要比父母以为的更多的睡眠，尤其当他们的身体和大脑处于高速发育阶段的时候。
- **他们很固执。**正在发育中的大脑让青少年对自己想要或愿意做的事情更加坚定，同时也更加固执己见。他们就是不想锻炼，父母也很难改变他们的想法。
- **他们有"自己的生活"。**和朋友在一起是青少年心中的头等大事。如果锻炼会影响他们的社交生活，就一定很难持久。

老实说，青少年和儿童要面对的所有挑战，成年人和父母同样需要面对。我们并不总是觉得锻炼有趣，我们宁愿做点其他事情，尤其当我们第一次锻炼时，很可能会感到紧张或不舒服。我们很忙，很累，有时还很固执，或者仅仅只想有"自己的生活"。我们有很多理由不锻炼。如果你想克服这些障碍，找到阻碍自己锻炼的原因至关重要。我们将在要诀6中重点探讨如何克服锻炼的障碍，现在让我们先花点时间来思考一下在一家人一起锻炼这件事上你可能会遇到哪些具体障碍。

反思问题：一家人一起锻炼面临的挑战

1. 回到上文重读"一家人一起锻炼面临的挑战"，哪一项是你个人锻炼最大的障碍？哪一项会阻碍你的家庭通过锻炼来提升心理健康水平？

_____

_____

_____

_____

2. 关于体育锻炼，你会面临哪些个人挑战？

_____

_____

_____

_____

3. 在改善心理健康的锻炼过程中，你的孩子、伴侣和家庭会面临哪些挑战？

_____

_____

_____

---

4. 你觉得你的家庭最需要什么才能帮你克服这些挑战？

_____

_____

_____

_____

在家庭中建立正确的关于锻炼与心理健康的态度、价值观和信念

如果我们想让自己和家人开始重视锻炼，那么"让儿童和青少年养成终身锻炼的习惯对促进他们参与体育锻炼尤为重要"（布鲁斯塔德，2010）。我们该怎么做？越早懂得体育锻炼的价值，它就越能深入我们内心，我们也越有可能坚持下去。这并不意味着对成年人来说为时已晚，只是我们越早开始重视锻炼，效果就越好。以下是一些帮你入门的建议。

一家人一起锻炼，请记住以下注意事项。

做到这些……

- 重点在于"动起来"，而不是"锻炼"。只要你愿意，你甚至可以不用"锻炼"这个词。鼓励你的家人动起来，越经常越好。
- 关注身心健康，而不只是减肥。你的目标是通过增加家人的运

动量来改善他们的心理、身体、情绪、社交和精神健康，而不是鼓励他们减肥。

- 为了自己的心理健康，把体育锻炼放在首位，做个榜样。如果你开始锻炼了，你的孩子和家人更有可能受到你的影响。
- 树立健康的关于锻炼的信念和价值观。记住，你不仅要积极锻炼，在行动上充当表率，还要在关于锻炼和身心健康的信念、态度和情绪上做好榜样（布鲁斯塔德，2010）。你的家人随时都在观察和倾听，所以说话要谨慎。
- 为你的家人提供锻炼的机会。鼓励每个人参加运动或其他体育活动，创造整个家庭可以共同参与的锻炼机会。
- 尽可能多地和孩子一起参加体育活动。
- 支持和鼓励你的家人。这对帮助他们学会重视锻炼至关重要，不仅有助于他们建立自信，也会让你的家人对你感觉更好。
- 多一点趣味性！下文有很多关于如何做到这一点的建议供你参考。
- 引导家人认识到锻炼对心理健康的益处。告诉孩子们锻炼是如何帮助他们减轻压力，变得更自信、更快乐的。（但这不是他们锻炼的最大动力，有趣才是！）

试一试……

- 不管你的孩子现在多大，邀请他们加入你的个人锻炼。做瑜伽的时候，让你家宝宝也拉伸一下身体；慢跑的时候，推着婴儿车或让大一点的孩子骑自行车跟着；在家或健身房运动的时候，可以让青春期的孩子练习举重。
- 鼓励你的孩子参加一些新的运动、游戏和活动。把这些活动所需的技能教给他们，帮助他们增强信心和能力。
- 亲自参加一些新的运动、游戏和活动，给孩子树立榜样。练习你学到的新技能，以增强自己的信心和能力，并为孩子树立榜样。
- 限制整个家庭的"屏幕时间"。看电视或玩电子游戏的时间过长，会导致我们锻炼的频率降低、心理健康状况变差。所以请马上关掉电视，出门走走。

- 别忘了朋友和宠物。和朋友或别的家庭一起锻炼也会给你很大的动力。带上宠物（这里指狗狗），效果也一样。它们也需要锻炼，而且它们会督促你出门锻炼。

- 在社区里，倡导体育活动和锻炼。鼓励学校和社区创建一些低价的锻炼项目，这些项目既适用于那些"运动好手"们，也可以让锻炼变得更有趣，促使大家积极参与锻炼。

- 记住，你在帮助孩子和家庭建立良好的身心健康习惯和信念方面发挥着极其重要的作用，你的家庭对你的帮助同样不可或缺。

不要……

- 放弃。一家人一起锻炼可能会有挑战，可能需要一定的时间才能找到有效的方式，但这些付出都是有回报的。所以一定要坚持下去。不停地去尝试新的想法（包括下文提到的想法或你自己的想法）。在共同锻炼的过程中，不断给予彼此鼓励、支持和爱。

让一家人一起锻炼更有趣的点子

你可以参照下面的建议，也可以自己想一些新的点子。方法是无穷无尽的，最重要的是找到对你的家庭有用的方法并且去执行。下面举一些例子：

- 给孩子买一些能让他们动起来的玩具，比如球类、风筝或跳绳。
- 在保证安全的前提下，每周让孩子们步行几次上下学。
- 多走楼梯，少乘电梯。
- 饭后遛遛弯。

- 制定新的家庭规则，比如不要在电视的广告时间坐着不动。
- 找时间组织一次家庭集体活动，如逛公园、游泳或者一起运动。
- 去给课外体育活动或运动队做志愿者。
- 一起打高尔夫、骑马或滑雪。
- 玩极限飞盘。（这是我们这边家庭的最爱。）
- 玩家庭足球、橄榄球或棒球。
- 在家附近转转，寻找你最感兴趣的动物、花、植物、树木和人。
- 玩"中间的猴子"①游戏。
- 玩抓人游戏或捉迷藏。
- 玩传球或抛球游戏。
- 玩花样投篮、篮球淘汰赛，或看看谁能在一分钟内投篮最多。
- 爬山或爬树。
- 玩家庭接力赛、独轮车比赛或者拔河比赛。
- 家庭摔跤或掰手腕比赛。（只要别太激烈！）
- 一起玩手指扭扭乐或动作猜字谜。
- 去溜旱冰、滑冰或滑雪。
- 全家一起骑行。
- 从小坡上滚下去再爬上来。
- 游泳或踩水，看谁能潜水游得最远或者谁踩水的时间最长。
- 家庭组队进行水球比赛或接鸡蛋比赛②。
- 一起玩球拍类运动，如网球、匹克球、扣球或壁球。
- 搞小型障碍赛、呼啦圈比赛或花式集体跳绳。
- 全家一起打排球、羽毛球、气排球，如果你们胆子足够大，还可以玩躲避球。
- 把你家狗狗带去公园，玩接球或飞盘游戏。
- 玩"有一学一"（follow the leader）、"妈妈，我可以吗？"

---

① 两边的人不断传球，中间的人努力拦截的游戏。——译者注
② 看谁能在最远的距离接住鸡蛋并确保鸡蛋不破。——译者注

（Mother May I）、"红绿灯"（Red Light/Green Light）或者"跳房子"（hopscotch）游戏。

- 来一场皮划艇、独木舟或漂流之旅。
- 打理家里的花园或院子。
- 步行或骑自行车去探寻风景。
- 去海边冲浪或在海浪中尽情玩耍。
- 一起尝试悬崖跳水、高空滑索或极限运动等冒险活动。
- 去徒步旅行或攀岩（哪怕只是在室内攀岩馆或岩墙上攀）。
- 跳舞吧！一起唱歌、旋转、跳跃、舞动。可以自己编一个舞蹈，或者干脆跟着音乐放飞自我！
- 全家人一起练瑜伽、太极或普拉提。
- 一起录一个关于锻炼的视频，以此来督促大家更努力地锻炼，以表现得更好。
- 冬天的时候，一起铲雪、堆雪人、打雪仗、滑雪橇，或在雪地里打滚。
- 一边听音乐一边打扫房间，或者比赛看谁能从各自房间里清理出最多的东西。
- 一起练侧手翻、前后翻或其他体操动作。
- 一起跳舞或玩像 Wii Fit[①] 一样运动量大一点的视频游戏。
- 如果是雨天，可以试试穿着袜子在木地板上滑行。
- 定一个类似玩遍你所在城市的所有公园的目标。
- 鼓励家人多走楼梯。如果你家里有楼梯，每天至少上下楼 10 次。
- 全家人一起参加慈善性质的徒步、爬山或跑步活动。
- 在一些特殊的日子，比如生日或纪念日，组织一些能让大家动起来的活动，像徒步、排球或足球赛，或者去公园玩飞盘。
- 多走路，少开车。如果你必须得开车，就把车停远一点，然后走路到你要去的地方。回去的时候可以跑步去取车，但一定要

---

① 任天堂公司开发的视频互动游戏。——译者注

注意交通安全。

- 多组织一些运动类的家庭活动（徒步旅行、漂流、抓人游戏、接力赛、舞会、滑冰、家庭运动会、滑雪橇、滑雪等）。比如我婆家人聚在一起的时候，经常会来一场匹克球、篮球、排球或蹦床比赛，比赛过程相当激烈。
- 把整理院子的工作变成一种乐趣（突然跳进树叶堆或雪堆中，或者边工作边放音乐边唱歌）。
- 把家务当成游戏来做。我们喜欢全家出动，一个房间一个房间地清理，我们会在清理每个房间的时候设置两分钟的倒计时，然后比谁能在规定时间内清理出最多的东西，这样我们很快就能打扫完整个房子。
- 将锻炼融入其他日常活动中，比如去商场购物的时候，不坐电梯走楼梯，或在商场里面快步走。
- 在电视放广告的间隙抓紧时间锻炼。齐步走、开合跳、扭扭身子、跳跳舞，电视节目重新开始就可以停下来。
- 每周有一个晚上全家人一起锻炼。偶尔也可以邀请朋友或邻居参加。
- 用计步器记录家庭成员每天行走的步数。看看谁一天或一周的步数最多。

设定有趣的家庭锻炼目标或挑战

试着为所有的家庭成员设定一个共同的目标：加强体育锻炼，并想办法让它变得有趣或成为全家共同的挑战。

把上面的锻炼清单给你的家人看，并让每个家庭成员轮流选择当天或这一周想要做的活动。让每个人都参与家庭锻炼计划的制订和执行，提醒他们对每周的活动进行汇报并总结。参考要诀4中的目标设定策略，它们可以帮你设定具体、可实现的目标，相信你的家人会喜欢的。

给每个家庭成员配一个计步器，让他们挑战每天都比前一天多走 1 000 ~ 2 000 步。发挥你的想象力去实现这个目标：一起看一场电影，并在广告间隙去外面走走；每天带着狗狗出去散步，或者边打电话边在屋子里转悠。鼓励你的家人也去找一些可以把锻炼融入日常生活的创造性方法。

鼓励你的家人使用人力交通工具。如今，很少有儿童和青少年选择耗体力的方式（如步行、骑自行车、滑滑板）去上学，成年人去工作就更少做这样的选择了。然而，一项研究表明，骑自行车或步行上学的孩子在一天中往往会更有活力，这个结论同样适用于成年人（富尔顿等，2006）。一家人可以一起骑车或步行去上学或上班。家长可以骑自行车去接孩子放学。在周末的时候，走路去公交车站，然后去市中心逛一逛，但别忘了停下来享受一番。

在家里发起一项挑战，看看谁能坚持连续 6 周、每周 5 天的锻炼，第一个拿到"总统积极生活方式奖"。成年人和儿童都有机会获得这个奖，这是一个很好的鼓励全家人为一个目标而共同努力的方式。

让家庭锻炼计划顺利实现的小技巧

改变你的家庭锻炼习惯并不容易，但你一定可以做到。这里有一些建议可以让它变得简单一点。

设定目标

设定以家庭为单位的、可实现的目标是一个很好的开始。我们将在要诀 4 中详细介绍目标设定的相关策略。现在，我们先试着把目标具体化——例如，不要说"我们每周要多运动一些"，而是说"我们将每周至少三天全家一起去散步、徒步旅行或骑自行车"。

做锻炼计划

我们都会做工作计划、学习计划和课外活动计划，那为什么不去做一个家庭体育锻炼计划呢？用"家庭日程表"来组织家庭成员进行锻炼，每周定时更新他们具体的锻炼内容和时间。这可以帮助家庭成员提升锻炼的积极性。letsmove.gov网站上那个叫"健康家庭动起来"的在线日程表就是一个很好的家庭锻炼日程安排工具。

计划要灵活

生活中总会有各种各样的意外发生：孩子们会生病，上班会迟到，有人会忘记锻炼或太忙了。所以制订计划时，要为那些突发情况预留一些空间。如果你一时不能适应每周的家庭体育活动，那就一起玩一玩互动视频游戏吧。如果工作日排得太满，那就在周末集中锻炼吧。记住，你的目标是提高全家人的锻炼积极性。如果你足够灵活且有耐心，会有很多方法可以帮你达到目的。

对"健康"与"锻炼"的全新理解：朱莉的故事

朱莉33岁，是一位妻子和三个孩子的母亲。她从十几岁开始就一直焦虑不安，前后咨询过不少心理医生，所有人都建议她锻炼。但直到第四个心理医生帮她从产后强迫症中恢复过来，她才决定试着锻炼一下。

　　朱莉对锻炼有强烈的抵触，但是她相信只要她下定决心，一定可以把锻炼变成自己喜欢的事情。她加入了一个专为女性开设的小型健身房，这是一个私密的集体环境。尽管她平时喜欢出去和别人交流，但在这里她却觉得身心俱疲。她常常觉得恶心，有时还会呕吐，这让她陷入极度的自我怀疑中："你根本不知道你在做什么。""这不值得。""你又胖又懒。""你不值得。"每次锻炼前后，这些想法都会冒出来。尽管遭受了这些心理和身体上的打击，朱莉还是坚持了两年之久，却从未获得过她苦苦追寻的心理和身体上的"回报"。最后她再也受不了了，心想，这有什么意义？于是她退出了健身房，也放弃了锻炼。

　　直到几年后，朱莉来我这里咨询，她才开始通过认知行为疗法和思维记录的练习意识到并了解这些消极想法和自我暗示。当我们开始探究她的原生家庭对锻炼的信念和态度时，问题变得清晰起来。

　　在朱莉看来，锻炼和吃有营养的食物、服用维生素一样，都属于"保健"的范畴。由于父母不和，朱莉童年时期曾和祖母一起生活过几年。朱莉说，祖母"有自己特殊的心理问题——对保健有严重的强迫症"。朱莉是以她姑姑的名字命名的，朱莉的姑姑在 13 个月大时就因肺炎和流感夭折了。"我奶奶反对医疗干预，对一切事情都要求顺其自然，所以她拒绝给女儿治病。"朱莉说，"那是 1961 年，如果这事发生在我们这个时代，我怀疑她会进监狱。"朱莉说："我奶奶给我吃了一种叫西蓝花馅饼的东西，让我觉得反胃。茄子比萨就算是改善伙食了。我们把豆角当巧克力吃。"朱莉还会被灌肠，以预防疾病。"这些对我来说都是不堪回首的经历。"朱莉说。她的祖母也喜欢锻炼。"她在房间里放了一个小蹦床和举重器材，每天步行数英里，一直坚持到90多岁。"

朱莉的家人对锻炼和健康的信念及期望显然很高，但并不代表它们就是正确的，尤其对朱莉而言。"在我看来，这些都是不健康的。"她说。更糟糕的是，精神疾病在朱莉的家里成了某种禁忌。"他们认为，如果你吃得健康，也锻炼身体，就不会有任何问题。如果你得了抑郁症，这是非常不光彩的事情。"

当朱莉和我谈到这些事情时，为什么朱莉对锻炼和她祖母所谓的"健康"观念有如此强烈的负面反应就不言而喻了。这些极端的观点和行为让朱莉产生了一种厌恶感。"我逃向了另一个极端。我不跑步。我吃垃圾食品。我不锻炼。您是我的第六位心理医生，我逢人便讲我与精神疾病抗争的经历。有时，我会过度分享。"更多地了解朱莉的原生家庭，这对她的治疗很有帮助。

首先，朱莉需要了解自己的优势。她显然是一个十分专注和执着的人。尽管锻炼让朱莉身体不适，痛苦不堪，但她还是强迫自己坚持了两年。她会非常坦率地向外寻求帮助，有时甚至会在公共论坛上分享自己的心路历程来帮助他人。朱莉也是一位乐于奉献、充满慈爱的母亲。她不仅抚养着自己的三个孩子，两个最小的兄弟姐妹也主要由她照顾，最近还成了一个新生儿的养母。

接下来，朱莉需要重新定义"锻炼"和"健康"这两个概念。通过了解她的家族史，我理解了朱莉为什么会抗拒任何与她祖母的健康理念相似的东西。她说得没错，她祖母的那一套是不健康的。任何极端的形式都是不健康的。这也正是朱莉需要帮助的地方。朱莉努力想要摆脱她祖母的那一套，却像钟摆一样摆到了另一个极端。她忘记了，有很多方法可以让人们获得身心健康，真正的锻炼是不会走极端的。她需要找到一个折中的方法。

朱莉开始有了自己对"健康"和"锻炼"的理解，这对她帮助很大。她开始意识到，当她做一些看起来不那么像"锻炼"的事情时，活动自己的身体会让她感到开心。她喜欢跳舞，和孩子们一起跳，或者一个人跳。她会重复播放一首她喜欢的歌，然后自己编一个舞。跳舞让她的心跳速度比在健身房时还快，但她却完全不在意这种不适，而是沉浸在跳舞的快乐中。她把去好市多（Costco）采购也当作一种锻炼，虽然推着婴儿车为一个六口之家采购并不轻松。最近，朱莉和家人开始一起散步。她和丈夫推着婴儿车里领养的宝宝，孩子们在旁边骑自行车。"我爱我的邻居们，散步真的超棒！"朱莉终于意识到，"这些才是我应该做的锻炼。"

尽管朱莉仍然需要不断给自己鼓气,让自己坚持锻炼,但她已经开始看到黑暗尽头的曙光。当她开始把琐碎的日常活动也变成锻炼时,她意识到了家庭的力量——家庭既可以让你变得更好,也会让你变得更差。当她用对"健康"和"锻炼"的全新理解去影响家人,并坚持用认知行为疗法的相关原则去挑战自己的既有想法时,朱莉终于得以摆脱一些消极的自我暗示。"总而言之,我得找到对我有用的方法并去执行,"朱莉说,"我必须抛弃之前对锻炼的刻板看法和信念,找到能够让我长期坚持的锻炼方法。"她正在努力建立一个更加积极健康的锻炼观,以取代成长过程中形成的对锻炼和健康的消极印象,她的努力正让她和她的家庭都变得更好。

反思问题:一家人一起锻炼

1. 你在当前的人生阶段正面临什么样的挑战?你可以采纳哪些建议来帮助自己克服具体的生活挑战?

_____

_____

_____

_____

_____

2. 一家人一起锻炼的哪些益处是你最感兴趣的？回顾上面列出的益处和事实，然后写下那些对你最重要的。分析一下，它们是如何激励你保持家庭锻炼的动力的。

_____

_____

_____

_____

_____

第二部分

准　备

要诀 4：获得动力

力量不是来自体能。它来自不屈不挠的意志。

——圣雄甘地

在第一部分，我们了解了锻炼对身心健康、自尊和自我价值乃至家庭的诸多益处。然而，据研究，约50%开始锻炼的人会在头6个月内放弃（威尔逊和布鲁克菲尔德，2009），许多人甚至可能再也不会锻炼。如果锻炼对我们的益处如此显而易见，那为什么坚持锻炼对大多数人来说仍然充满挑战呢？答案在于动机。

什么是动机？

我们都有这样的经验，有些事情做起来有动力，有些却没有。我想到的第一个例子就是上学和做家庭作业。相信每个人在学生时代都曾有过这样的时刻——尽管我们知道必须得完成某篇论文、某个项目或某项研究，但我们就是没有动力去做。也许我们能逼着自己去行动，但中间也可能会拖延，最后不得不为此付出代价。不管怎样，我们都知道做一件事情有动力或没动力是什么感觉。

我们可能无法完全理解的是动机到底是什么，以及它是如何影响我们的。动机是一种用来解释行为的心理结构。它也帮助我们理解自己的欲望、需求、想法和感觉。它让我们行动起来，去做我们能做、应该做或需要做的事情。它让我们渴望改变、成长和提高。它解释了为什么我们想要重复或停止某种行为，也帮助我们理解了为什么我们不去做某些事情——为什么我们逃避、拒绝甚至害怕某些行为、感觉和经历。"动机"这个词是我们日常思维过程和日常用语的一部分，也是我们最常从心理学引入日常生活的概念之一。我们做（或不做）每件事都始于某种动机。

不幸的是，在大多数情况下，我们并没有意识到或理解自己的动机。这正是我们许多人陷入困境的原因。我们能意识到自己什么时候充满动力，也知道自己什么时候缺乏动力。但是我们多久会去反思、评估和理解一次自己的动机——我们对待他人的动机、我们做或不做某些事情的动机、我们所有日常行为的动机（包括锻炼）呢？我敢说，大多数人很少会这样做。

事实上，在我们真正理解自己的动机之前，我们并不总是清楚我们为什么要做我们所做的事情，我们只是在一味追逐我们的"目标"。做完下面的练习，你就能理解我要表达的意思。请拿出一支笔，找一个安静的地方，花点时间诚实地问自己以下问题。

反思问题：自我激励

1. 我当初为什么选择阅读这本书？是什么促使我买下或者借

来这本书？

_____

_____

_____

_____

_____

2. 拿到这本书之后，是什么促使我打开它并开始阅读？

_____

_____

_____

_____

_____

3. 在读这本书的时候，是什么使我对某个要诀尤其关注？我希望从阅读中获得什么？

_____

_____

_____

_____

_____

　　你回答完"反思问题"中的问题了吗？如果回答完了，那么是什么促使你花时间做了这个练习？是因为我的请求吗（我确实说过"请"字）？如果你没有回答"反思问题"中的问题，又是因为什么？

看到了吗？动机存在于我们所做的每件事（或不想做的每件事）中，当我们开始审视自己的动机时，我们就找到了主动并且坚持去做一件事情的原因，最终我们将实现最渴望实现的目标。

开始锻炼的动机

对很多人来说，开始锻炼可能是最困难的。原因有很多，其中最重要的是我们对自己的认知。我们看待自己的方式（包括我们过去的经历和当下的现实）直接影响着我们是否会开始锻炼。消极的自我认知甚至会阻止那些因严重的健康问题而迫切需要锻炼的人开始锻炼。那些从未尝试过锻炼的人一旦在体育锻炼（无论是一般的还是特殊的体育锻炼）中感到力不从心、不安全或者经验不足，他们就很有可能不再尝试了。因为"胜任感"强烈影响着我们是否会去尝试以及不断尝试某些事情。

自我认知的另一个方面涉及对未来的希望。如果我们希望自己未来身心健康、有活力、身体灵活、快乐幸福，我们就更有可能马上开始锻炼，以实现未来的愿景。

是什么让我们形成了健康的自我认知，激励着我们开始锻炼？研究一致显示，在以下几种情况，我们更有可能开始锻炼：（1）家人、朋友和健身专家的积极反馈；（2）"锻炼是有益且有价值的"等正面观念的强化；（3）其他社会性支持。这三大因素构成了我们与锻炼相关的自我认知，并深刻影响着我们开始并保持锻炼的动机（惠利和施拉德，2005）。

反思问题：自我认知

1. 我现在如何看待自己在锻炼方面的能力？我相信自己有锻炼的能力吗？我相信自己能坚持下去吗？我有自信吗？我认为什么样的自我认知会影响我锻炼的动力？

_____

_____

_____

_____

_____

2. 5年后我会变成什么样子？10年后呢？20年后呢？我是否觉得自己精力旺盛、心理健康？如果是，为什么？如果不是，为什么？

_____

_____

_____

_____

3. 我对未来的展望如何影响我当下开始锻炼的动机？

_____

_____

_____

_____

坚持锻炼的动机

是什么激励我们坚持锻炼？这比我们想象的要复杂得多。一项对斯图尔特·特罗斯特和他的同事在2002年做的研究的系统回顾发现，有五个主要因素影响人们是否会坚持锻炼：

- **人口学和生物学因素**。性别、年龄和健康水平等因素与人们能否坚持锻炼相关。总的来说，男性、年轻人和健康的人比女性、老年人和不健康的人更有可能坚持体育锻炼（特罗斯特等，2002）。
- **心理、认知和情感因素**。自我效能感或相信自己能有效地实现预期目标的心理感觉，被认为是人们坚持锻炼最重要的因素之一，自我价值感也与其密切相关。那些常常自我怀疑、思想消极、没有安全感的人更容易放弃锻炼（休伯蒂等，2008），而那些在锻炼中感到自信和有成就感的人更有可能长期坚持锻炼。自我价值包括相信我们值得花时间和精力去锻炼，那些珍爱自己的人往往更会经常锻炼。女性更有可能在这个方面纠结。一个人对锻炼的期望值也可能有利或不利于其对锻炼的坚持（惠利和施拉德，2005）。例如，如果我原本希望散步后心情平静，压力得到缓解，但事实上我却因为心跳加快而感到焦虑，那么我就很有可能放弃锻炼。
- **行为特质和技能因素**。研究表明，那些追求更高生活质量并在日常生活中重视锻炼的人往往最能坚持锻炼（休伯蒂等，2008）。此外，那些充分理解锻炼对身心健康的益处，并能利用相关知识来提升自己技能和能力的人更有可能坚持锻炼。最后，当我们意识到锻炼对我们的生活质量有提高时，当我们感到并相信锻炼确实在许多方面对我们有益时，这也会帮助我们坚持有规律的锻炼。
- **社会文化因素**。家人和朋友的支持对我们保持锻炼的积极性非常重要，文化支持亦是如此。文化可以显著影响我们锻炼的方

式、锻炼时的感受以及对锻炼的信念和价值观。研究表明，少
数族裔女性比白人女性更难坚持锻炼（艾伦和莫里，2010）；另
外，有研究显示，社会经济方面的制约对少数族裔人群开始并
坚持锻炼影响巨大。当我们从社会和文化的角度来看待锻炼的
动机时，我们会发现不同文化背景的人锻炼的动机不同。例如，
研究表明，非裔美国人和拉丁裔美国人都高度重视家庭和社区，
因此他们喜欢和家人、朋友一起锻炼，这也使得他们更能坚持
锻炼（奥泽缇等，2013）。

- **锻炼本身的特质和环境因素。**所选择的锻炼项目的可及性、往
返于锻炼场所的交通，甚至诸如安全性和天气之类的因素，都
会明显影响我们锻炼的动力（奥泽缇等，2013）。我们对锻炼项
目本身、健身教练以及锻炼器材的满意度也会对我们产生影响
（特罗斯特等，2002）。

锻炼与动机：自我评估

这就是为什么锻炼的动机看起来如此复杂的原因：很多不同的
因素在共同起作用。研究发现，定期自我评估是识别和克服影响我
们锻炼积极性的因素和障碍的最佳方法之一。自我评估以及来自健
身教练或亲朋好友的反馈对我们来说非常有用。反馈不仅可以让我
们从中学习并提高锻炼技能，还可以促使我们及时做出调整以坚持
下去。积极的反馈可以让我们更相信自己，保持自信。只要我们愿
意，我们还可以根据反馈逐步设定更具挑战性的目标，从而不断成
长（惠利和施拉德，2005）。

以下是"锻炼动机自我测评表"，请花些时间仔细思考并诚实
回答里面的问题。稍后我们将对此进行回顾，以帮助我们克服具体
的关于锻炼动机的挑战。

马上行动：锻炼动机自我测评

完成下面的锻炼动机自我测评表。

锻炼动机自我测评表

下列各因素对你锻炼的积极性影响有多大？

从0~5给每个因素打分。

0＝对我没有任何影响；1＝对我有极大的消极影响；2＝对我有一些消极影响；3＝对我的影响时好时坏；4＝对我有一些积极影响；5＝对我有极大的积极影响。

人口学/生物学因素

1. 年龄

2. 性别

3. 疾病或健康状况

4. 体型

心理/认知/情感因素

5. 当下的心理健康状况

6. 情感/情绪

7. 生活压力

8. 不安全感

9. 自我感觉良好

10. 希望更加快乐

11. 战胜精神疾病

12. 希望更加平和

13. 希望思维更清晰

14. 希望提高创造力

15. 希望感觉更放松

16. 焦虑

17. 害怕失败

18. 想要摆脱药物依赖

19. 害怕被嘲笑

20. 灵性

21. 渴望睡得更好

22. 饮食习惯

23. 感觉有锻炼的能力

24. 锻炼的期望

25. 锻炼后的感觉

26. 消极的想法 / 自我暗示

27. 对幸福的渴望

28. 对心理健康的影响

行为 / 身体 / 生活方式因素

29. 锻炼计划安排不当

30. 优先级

31. 懒惰

32. 完美主义

33. 孩子 / 家庭责任

34. 锻炼给我带来的乐趣

35. 睡眠不足 / 疲劳

36. 忙碌

37. 工作

38. 吸烟、吸毒、酗酒

39. 锻炼对我的生活质量的影响

40. 现在身体更健康了

41. 保持体型

42. 长期的健康收益

43. 克服坏习惯

44. 减肥

45. 长期的行为改善

46. 变得"更瘦"

47. 增加肌肉量

48. 心理更健康

49. 了解锻炼对身体健康的益处

50. 了解锻炼对心理健康的益处

51. 成为"壮汉"

52. 个人信仰/价值观

53. 我的态度

54. 对锻炼感到厌倦

55. 锻炼所耗费的时间

56. 受伤或疼痛

57. 锻炼引起的身体不适

58. 外部奖励（音乐、食物、社会关系等）

59. 对他人负责

社会文化/环境因素

60. 原生家庭的信念/态度

61. 当前家庭的信念/态度

62. 文化规范/认同

63. 交朋友

64. 家人/朋友的支持

65. 财务问题

66. 锻炼的可及性

67. 渴望加强关系

68. 去锻炼的交通方式

69. 天气

70. 对锻炼器材/锻炼项目/健身教练的满意度

71. 渴望社会关系

72. 社会压力或苦恼

73. 安全问题

74. 渴望长寿

75. 希望为了家人变得更健康

完成自我测评后，回顾你的答案。与朋友、伴侣、心理咨询师或监督你的伙伴当面讨论测评的结果。问问你自己："为什么这会影响我的锻炼积极性（无论是好还是坏）？"然后大声说出你对这个问题的解释。向别人解释会帮助你更好地理解自己的锻炼动机。用你从这次评估中学到的东西来设定你的心理健康锻炼目标和计划。

动机是如何影响锻炼的：理论与解释

为了更好地理解我们执行并坚持心理健康锻炼计划的动机，多了解一些动机理论及相关知识是很有帮助的。动机理论有很多。本书不是一本关于动机的书，所以我们不会讨论所有的动机理论。我们将集中讨论三种动机理论，根据研究及我的个人经验，这三个理论对理解锻炼的动机，尤其是心理健康锻炼的动机最有帮助。

自决理论

关于锻炼，一个被研究和验证得最多的动机理论是自决理论（self-determination theory）。自决理论最初是由爱德华·德西和理查德·瑞安从人本主义角度出发，经过多年研究提出来的。与亚伯拉罕·马斯洛的需求层次理论（另一种著名的动机理论）类似，自决理论侧重于关注人的需求的满足、自我实现以及人们如何挖掘自己的潜能（特谢拉等，2012）。简而言之，自决理论认为，当我们的动机来自我们的内在时，也就是当我们能自我激励和自我决策时，最有动力。

自决理论的一些关键要素包括：

内在和外在动机

首先，自决理论明确区分了内在动机和外在动机。内在动机是指我们做某事是因为这件事让我们喜欢、兴奋、觉得有挑战、感到有成就感或给了我们学以致用的机会。比如，某个人游泳是因为她在这方面有天赋并且有所成就，某个人跳舞只是因为他喜欢跳舞，或者某个人挑战有难度的锻炼项目是因为在这之后能享受到满足感。每一个内在动机都使得活动本身值得去做，虽然原因各不相同，但都是内在的且与活动直接相关的。

相反，外在动机指的是我们做一件事的目的是获得某种形式的外部奖励。它不同于活动本身带来的心理满足。例如，我们锻炼是因为我们想以此得到他人的认可或接纳，或获得某种像金钱、一顿大餐这样有形的回报，或因为如果我们不参加（如学校的体育课）成绩就会很难看。外在动机也可能与我们的价值观和目标有关，比如一个人锻炼的动机是希望变得更强壮，因为健康的体型可以让他自我感觉更良好（瑞安和德西，2000；特谢拉等，2012）。

外在动机是实现短期目标的最佳动力，但要完成长期挑战，内在动机才是关键。因此，坚持心理健康锻炼最理想的方式是同时具备这两方面的动机。

因果取向

自决理论还有一个与内在动机和外在动机紧密关联的要素，被称为"因果取向"，这个术语用于说明我们每个个体的行为动机背后都有特定的取向。而我们开始并坚持锻炼的动机都会受到这些取向的影响。

一些人更容易受内在动机驱动，更倾向于追随自己的想法、感觉和行为习惯。另一些人更容易受外在动机驱动，更倾向于遵循外部规范、建议和指令。还有一些人属于"无动于衷型"，他们对各种可能激发其行为的内外部因素没有反应或表现被动（特谢拉等，2012）。这些不同的取向影响着我们在心理健康锻炼方面的信念、动机和实践（马克兰，2009）。然而，具有某种取向并不意味着我们总是会依照那种取向行事。

理解我们的"因果取向"只是提供了一个参考，让我们对什么可能驱动我们、什么无法驱动我们，有更多的自我意识。还记得我们在自我意识的练习中学到了什么吗？它可以帮助我们更加悦纳自我，更加自爱，从而提高我们的自我价值感。然后，在这些动机取向无法很好地发挥作用时，我们可以利用这种意识来寻找解决之道。

基本心理需求

自决理论中对解释锻炼动机有用的第三个要素是人类对胜任感、关系和自主性的需求（瑞安和德西，2000；特谢拉等，2012）。

我们已经知道，对儿童、青少年和成年人来说，在活动中是否有胜任感，是他们能否坚持锻炼的一个重要影响因素。我们也讨论了社会互动和联系是如何有效推动人们锻炼并受锻炼影响的。而我们这里所说的自主性，是指人们总是愿意做他们喜欢做的事情。当我们觉得做某件事情乐在其中或有内在回报时，我们更有可能有动力去开始并坚持下去。

不管是好是坏，人类的这三个基本需求共同影响着我们的锻炼动机。当我们意识到自己在心理健康锻炼方面的胜任感、关系和自主性需求时，我们就能找到方法，更好地满足这些需求，从而提升我们的动力。

自决理论的三个前提

自决理论基于三个前提，这些前提在锻炼动机中起着重要作用。第一个前提是，人类在寻求控制内心世界方面具有天生的主动性。这意味着我们要么会顺应我们的欲望、想法和情感，要么会克制它们。这对我们的心理健康锻炼来说是一件好事，因为如果我们想掌控自己的内心世界，就会更重视我们的心理健康以及"掌控"内心世界的策略，比如锻炼。第二个前提是，我们都想要获得成长、发展和归属感。这意味着作为人类，渴望进步和完整是我们的天性。第三个前提是，我们对自己内心世界的掌控以及理想的行为表现和个人发展的追求，不会自然发生，需要我们努力去争取（瑞安和德西，2000）。

这就是本书的全部内容——通过学习新的方法来掌控你的内心世界或心理健康，并寻求可以让你达到最佳状态的方法，比如锻炼。下面的练习以及本书介绍的其他练习可以告诉你如何实现这一点。

自决理论与锻炼

总之，自决理论的几个要素，包括我们的内在动机和外在动机、因果取向，我们对胜任感、关系和自主性的需求以及自决理论的三个前提，可以帮助我们更好地理解锻炼和其他行为的动机。研究表明，内在动机可以促使我们长期坚持锻炼，而外在动机（包括为了改善我们的体型、健康水平或其他与健康相关的状态）则不那么持久（特谢拉等，2009）。有研究发现，那些为了胜任感、乐趣和社交而锻炼的人比那些为了外表或健康而锻炼的人，其锻炼的动力强得多，也更有可能坚持下去。此外，研究还表明，那些喜欢锻炼的人比那些不喜欢锻炼的人更有可能长期坚持锻炼（瑞安等，1997）。

以上都为如何增强锻炼的动机提供了思路。当我们能够在锻炼中获得更多的乐趣、胜任感和社会互动时，我们更有可能坚持锻炼；当我们努力发现自己天生的动机取向，并找到加强内在动机的方法时，我们更有可能坚持锻炼；当我们着眼于丰富和发展自己的内心世界时，我们的锻炼动机会得到强化，我们将更有可能为了心理健康和生命质量而锻炼。

自决理论与你

这一切对你来说意味着什么？理解了自决理论的几个要素就打开了更深的自我理解的大门；更深的自我理解又会增强我们的动力，并促使我们去改变。我们将在下文讨论增强动力的一般性策略以及要诀6中讨论克服特定障碍的策略。现在，我希望你先完成下列关于自决理论原则如何影响你的反思问题。

反思问题：自决理论如何影响你

1. 在锻炼方面，你的"因果取向"是什么？你是否更容易受到内在因素（如你自己对锻炼的想法、信念和感受）的激励？还是更容易受外在因素（如社会交往、责任感和报酬奖励）的影响？或者不管是内在因素还是外在因素都对你没什么影响？

_____

_____

_____

_____

2. 你的"因果取向"是如何影响你参与体育锻炼的意愿、动机和行动的？

_____

_____

_____

_____

3. 在生活中，胜任感、乐趣和自主性对你来说有多重要？它们在激励你锻炼方面有多重要？把它们都写下来。

_____

_____

_____

_____

4. 你对前文所述"自决理论的三个前提"有什么看法？你是否相信自己在掌控自己的内心世界方面"具有天生的主动性"——包括掌控自己的心理健康、情绪、动力、欲望、感觉、想法和行为？你相信或者不相信的理由是什么？

_____

_____

_____

_____

_____

5. 你是否觉得自己天生就渴望进步和完整？或者追求进步和完整对你来说更像是一场挑战？为什么？

_____

_____

_____

_____

_____

6. 你认为这些事情只有付出努力才能达成吗？你愿意做相应的努力吗？为什么？

_____

_____

_____

_____

_____

期望理论

期望理论着眼于动机的一个重要组成部分：期望。我经常引用心理学家约翰·伦德的话："所有的挫折都来自未被满足的期望。"我在他的话上做了一点补充："所有的挫折都来自不切实际和未经沟通（自然也无法得到满足）的期望。"期望会影响我们在人际关系、自我价值、个人成就以及心理健康锻炼等方面的选择。

期望理论最初由维克托·弗鲁姆提出，它基于这样一种观点，即人们选择以某种方式行动是出于他们对自己行为结果的期望。这个理论认为，我们的行为动机是由我们期望自己的行为会产生什么样的结果所决定的（奥利弗，1974）。例如，如果我认为每周4次、每次20分钟的散步可以让我的生活压力更小、幸福感更强，与如果我认为这样会让我感觉更疲惫相比，前者更有可能促使我开始这项锻炼。

基于期望、手段和效价三个关键要素，期望理论提出了动机的计算公式：

- 期望是指我们期望通过自己的努力得到什么，也就是说，我的努力能让我达成预期的表现。
- 手段是指我们相信自己的表现能够带来预期的结果，也就是说，如果我按照我的期望去做，我会得到我想要的回报。
- 效价是指我们期待的回报或结果对我们的价值，也就是说，我有多看重这份回报。

用公式表示就是：动机 = 期望 × 手段 × 效价，简写为 $M = E \times I \times V$。

期望理论与你

期望理论公式通常应用于提高工作效率和改善商业环境，但对我们来说，它同样有价值 —— 如果我们希望拥有为心理健康而锻炼的动力，那么我们必须评估我们的期望。我们需要明白，我们希望体育锻炼带给我们什么，我们期望的表现是什么，以及这是否现实。然后，我们需要知道我们期待什么样的回报和益处，以及它们对我们有多重要。当我们能够把这几个方面都想清楚，根据期望理论公式，我们就能增强自己锻炼的动力，并减少我们在锻炼过程中遇到的挫折。记住："所有的挫折都来自不切实际和未经沟通的期望。"理解我们的期望是一种与它们对话并确保它们切合实际的方法。

接下来，让我们看看在心理健康锻炼方面，关于你的期望和动机，期望理论有什么样的观点。

思考一下：你在心理健康锻炼方面的期望

问问自己：

1. 我希望自己在锻炼方面有什么样的表现？

2. 我期望从锻炼中获得什么样的回报？

3. 我有多么看重这些预期的回报？

4. 总的来说，我对锻炼的期望是否现实？

应对期望四步法

许多人都难以判定自己的期望是否现实。来访者经常让我帮他们解决这个困惑，他们会说："我就是不知道什么样的期望是现实的。"以下四个步骤可以帮助你解决上面的困惑：

- **了解你的期望。** 问问你自己："我对这种行为、处境或人有什么期望？"坦诚面对内心，给自己足够的时间来倾听和记录答案。如果你觉得有困难，那就向你信任的朋友、家人或咨询师寻求帮助。
- **认清当前的现实。** 你现在到底处在什么样的状态？关于心理健康锻炼，你当前的压力、困难和挑战是什么？你的优势是什么？诚实地看待自己的处境。
- **将你的期望与现实进行比较。** 问问你自己："在目前的状态下，我的期望现实吗？"有时答案是"是"，但通常答案是"不是"。你的现实处境与你对锻炼的期望相符吗？例如，你是否期望每天有1小时不受打扰的、安静的时间在家做瑜伽，而现实是你总是因为小孩不停打断你锻炼而无比郁闷？或者你是否希望每天跑完3英里还精力充沛，但现实是你已经多年没有锻炼了，你的身体还不能立刻适应长跑，最终你还没跑到终点就放弃了？
- **让你的期望和现实相匹配。** 例如，你可能认为孩子在家时想要安安静静地做瑜伽是不现实的，那么你可以选择去外面上那种可以托管孩子的瑜伽课，你也可以选择继续在家做瑜伽。但是当孩子跑过来时，让他们跟你一起练。无论哪种方式，你都要将你的期望与你所处的现实协调一致，这样才能增强你行动的动力和效果。

无论对自己还是对他人而言，了解我们的期望是我们审视、质疑和调整它们的第一步，这也可以很大程度减少我们的挫败感。诚实地面对自己的期望并适时调整可以增强我们的动力，从而帮助我们达成在心理健康锻炼方面的目标。

> ### 马上行动：**管理期望**
>
> 从你在上面的"思考一下"确定的期望中选择一个，运用
> "应对期望四步法"，试着判断这个期望是否是现实的，并记
> 录在你的日记本、笔记本或电子设备上。然后用同样的方法
> 管理你的其他期望。

动机的目标设定理论

既然我们理解了内在的或自我决定的动机的重要性，也知道
如何评估和调整我们的期望，那么下一步最重要的就是目标设定。
目标设定是动机的一个基本组成部分。如果都不知道自己想达成
什么样的目标，怎么会有动力呢？目标设定理论给我们提供了一些
原则，这些原则将帮助我们为心理健康锻炼设立有吸引力且能够
实现的目标。

目标设定理论最初由埃德温·洛克博士提出，后来加里·莱瑟
姆博士与之合作并完善了这一理论，它重点关注目标、动机和绩效
之间的关系（莱瑟姆和洛克，1991）。目标设定理论认为，当个人
所设定的目标有如下特征时：（1）具体；（2）有一定难度；（3）能
够帮助我们评估自己的表现；（4）与对我们的表现的反馈紧密相
关，往往会让我们的动力和表现保持在最佳水平。这些因素让目标
设定者更加投入，并且对目标有更高的认可度，进而有更大的动力
去完成目标。

研究表明：（1）与设定容易实现的目标相比，设定有挑战性的
目标能让我们表现更好；（2）与告诉自己"尽力而为"相比，具体

的目标会给我们带来更大的动力和对结果更高的预期；（3）我们做出的选择会受到我们意图的制约。换句话说，如果我们想实现"加强锻炼"这个目标，我们就需要挑战自己，让目标变得更具体，并时刻记住自己的意图。此外研究表明，设定截止日期以及把目标放在学会某样东西而不是表现和结果上，都可以提高目标的有效性。团体目标设定也和个人目标设定同样有效（洛克，1968；洛克等，1981；伦堡，2011）。

完成一件有难度的事情比完成一件容易的事情会让我们有更大的成就感。这就是为什么锻炼可以增强我们的自信和自尊的一个原因——每天坚持锻炼也许很有挑战，可一旦我们做到了，就会自我感觉良好。有难度的目标实际上更能调动我们的积极性，只要它们不是太难，只要它们切实可行。当然，其他事情也能激励我们，但洛克发现，金钱、时间限制、竞争、表扬或批评等因素也都是通过个人目标和意图来发挥作用的。换句话说，这些刺激因素只有在符合我们的意愿或能够促进我们的目标时才有效（洛克，1968）。一切都与目标息息相关，正如洛克那句已被证实了的话："动机决定行为。"

如果我们想马上锻炼，那么了解自己锻炼的动机是至关重要的。根据目标设定理论，明确我们的意图并制定具体的目标对任何行动，包括锻炼，都是非常有效的。

反思问题：目标设定

1. 你为自己的心理健康设定目标了吗？如果有，这些目标是否既具体又有一定难度？它们能够激励你为了更好的心理健康而努力吗？如果没有，目前是什么阻碍了你？

_____

_____

_____

_____

2. 你为有规律的体育活动或锻炼设定目标了吗？如果有，这些目标是否具体且有挑战性？你觉得这些目标能够激励你吗？如果还没有设立目标，目前是什么阻碍了你？

_____

_____

_____

_____

目标设定策略

根据目标设定理论，目标设定有五个基本原则：清晰、有挑战、承诺、反馈和任务复杂性（帕维，2015）。利用这些原则，我们就可以设定一些可以实现并能提高我们积极性的锻炼目标。接下来，我们将深入了解每一个原则，看看我们是如何将其运用到心理健康锻炼目标的设定中去的。

- **清晰**。我们的目标需要清晰、易懂，并且最好写下来。为了明确我们的锻炼目标，我们需要给自己时间来思考我们的需求、愿望以及我们希望从锻炼中获得什么。使用从自决理论和期望理论中学到的方法，弄清楚自己的现状以及想要达成的愿望。然后，设定有助于实现它的具体目标。

举例：不要把目标设定成"我想多锻炼"，而是"我将每周游2次泳，每次20分钟；每周下班后陪家人散3次步，每次20分钟"。我们制定的目标越清晰，就越知道如何实现它们。

- **有挑战。** 我们需要能推动自己前进的目标。我们固然不能设定太难或根本不可能达到的目标，但是我们有必要让目标具有挑战性。记住，对你有挑战性的事情，对别人未必也有挑战性，反之亦然。所以，我们在设定心理健康锻炼方面的目标时一定要诚实面对自己，只和自己比，不和他人比。

  举例：如果你平常基本不锻炼，那么你最开始的目标可以是每周有3天绕着你住的那栋楼散步。对有些人来说，这似乎没什么挑战；但对另一些人来说，这是非常重要的一步。之后，你可以将目标调整为绕着小区散步。最后，你可能会挑战一周散5天步，每天走上一两公里。不管你设定的目标是什么，关键在于去做那些对你来说有挑战但同时可以做到的事情。

- **承诺。** 设定目标时，我们需要明确我们的承诺是什么。将你计划多久锻炼一次、你将做哪些项目、你计划每次锻炼多长时间、你将和谁一起锻炼写下来，并给自己设定一个评估目标的时间期限。

  举例："每周六早上我会和朋友一起去攀岩馆训练1个小时；每周陪家人打2次篮球，每次至少30分钟。这个计划先坚持1个月，然后再检查是否需要重新评估目标。"不管你是承诺1周、1个月还是半年都无关紧要，重要的是你要有明确的承诺，并且把它记下来。

- **反馈。** 我们需要定期检视自己，并重新审视我们的目标，确保它们仍然符合我们的意图。当我们收到别人的反馈时，我们会感到最有动力。让你的伴侣或最好的朋友了解你的目标，并给你支持。和他们聊一聊，听听他们有什么要说的。如果你去健身房或者有健身教练指导，他或她的反馈也会对你有所帮助。无论如何，在你设定目标的时候，一定要给自己提供一个反馈的途径。

举例："我会每周日回顾自己的目标并做如下反思：我在这个目标上表现得怎么样？这个目标对我来说是否合适？我需要修改我的目标吗？我对自己的表现满意吗？"然后，继续执行经过反馈调整后的计划。你也可以和锻炼伙伴一起做这件事，或者让你的教练或朋友定期对你的进步和锻炼积极性提出反馈意见，例如每周一次。

- **任务复杂性**。定期检查你在目标中所设定的任务的复杂性，以确保它们不会太复杂或让人无法承受。

  举例：你原本的目标是每周和朋友一起滑 2 次旱冰、上 3 次高强度的健身课，现在你的腿部肌肉拉伤了，你就需要重新评估你的目标了。环境在变化，我们需要灵活调整，最重要的是坚持目标。比如，如果你的腿正在康复中，你可以试着游泳、划船、举重或者跟孩子们玩接球游戏。

SMART 原则

另一个目标设定的方法就是众所周知的 SMART 原则，它的五个字母分别代表：具体（Specific）、可衡量（Measurable）、可实现（Attainable）、相关性（Relevant）和有时限（Time-bound）。下面我们一起尝试用 SMART 五原则制订有效的、激励性的心理健康锻炼计划。每学完一个 SMART 原则后，就在下面的横线上对给出的问题作出回答。之后，你将得到一套详尽的可以帮你开始心理健康锻炼的计划。

1. **具体**：具体、明确的目标是我们保持动力并实现目标的核心。

用"谁、什么、为什么、在哪里、何时、如何"几个疑问词可以帮你把目标变得更具体。

谁? "谁会跟我一起锻炼?我会让我的家人、朋友、健身伙伴、线上支持小组共同参与吗?还是我更喜欢自己一个人锻炼?我会去了解其他人对我的反馈吗?如果是,是谁?"

_____

_____

_____

_____

_____

请记住,无论你是在一个团队中、和某个伙伴一起,还是独自锻炼,有一个监督你的人都是很有帮助的,他会督促你并为你加油。所以,问问你自己:"谁可以监督我并给我反馈?"

_____

_____

_____

_____

_____

什么? "我会做什么类型的锻炼?我可以采用什么样的激励策略?"可以是参加一项课程或一次家庭活动,增加每天的步数,或每晚做拉伸运动。体育锻炼的种类非常多,所以一定要选择自己喜欢且愿意去做的。

_____

_____

_____

_____

_____

哪里？ "我打算在哪里锻炼？在家吗？在健身房？在小区里？室外？室内？"

时间？ "我打算在什么时间锻炼？"列出一周中你打算锻炼的日子，你计划锻炼的频率及时长，并为你的锻炼目标付出时间。

为什么？ "我设定和实现这样的锻炼目标的理由、目的和好处是什么？"提醒自己在心理—情绪—社会—精神健康方面的长期愿景。再回顾一遍要诀1中锻炼对身心健康的益处，以及要诀2和要诀3中锻炼对自我价值和家庭的益处，重点看看那些对你来说最重要的益处，也包括那些影响你锻炼动力的价值观以及你为什么设定这些目标的梦想、希望和其他因素。

---

2. **可衡量**：设定可以衡量的目标。这与上面的"清晰"原则是一

致的。看看你在第一步写下的内容。你如何将这些变成可衡量的目标？这可能包括诸如"我将做一个周计划，规定每天锻炼的时长""我将用计步器来记录我每天的步数"或"我将用健身应用程序来跟踪我的进度"。

_____

_____

_____

_____

_____

3. 可实现：再次强调，请现实一点。回顾上文关于让期望符合现实的建议，以及关于"任务复杂性"的概念，然后对照这些原则看自己设定的目标是否现实。认识到自己的弱点和需求，并承认"这太难了，至少目前是这样"，这没什么问题。最终你一定会达成心中最难的目标，但是现在请记住：目标要有挑战性，但不要太有挑战性。写下自己的目标并分析它们是否现实。如果不够现实，你打算如何改变它们？

_____

_____

_____

_____

_____

4. 相关性：你的锻炼目标应该与你生活的终极目标相关。牢记自己的终极目标，如更健康的心理、更幸福的生活、更自信的自己等，对心理健康锻炼来说是很重要的。牢记这些追求，会让你的目标与你最渴望实现的终极目标保持一致。问问你自己："我现在努力的目标和我对未来的期望一致吗？它们能帮我去到自己想去的地方吗？如果答案是肯定的，它们是如何实现的呢？如果答案是否定的，原因在哪里，我能做些什么改善这种状态？"

_____

_____

_____

_____

5. 有时限：给自己的每个目标都设定一个截止日期。研究表明，合理的截止日期可以帮助我们感觉更有动力。在心理健康锻炼方面，你每次可以设定几周或几个月的期限，到了时间就看看这些目标的实现情况并设定新的目标，如此往复。问问自己："我当下设定的目标截止日期是什么时候？对我来说，这个截止日期是现实的吗？为什么？"

_____

_____

_____

_____

这些目标设定策略也同样可以用来设定心理健康锻炼目标。例如，如果你希望自己不那么沮丧，并能够精神饱满，你就可以设定这样一个SMART目标："我每天早上会去散10分钟步，因为我知道这会改善我的情绪。完成之后，我会在我的智能手机日历上做一个记录，每天回来后感受一下自己的情绪状态，看是否有所改善。我会这样坚持一个月，每周和妻子一起回顾总结，看看我在实现这个目标方面进展如何。"

这个目标的实现需要一个漫长的过程。但请注意，它符合目标设定的所有原则，而且当它足够SMART（明智）的时候，更有可能实现。

反思问题：心理健康目标

你的心理健康目标是什么？你想克服焦虑、压力或悲伤吗？你是否希望通过提升自我价值成为真正的、最好的自己？你是否想让日常生活更快乐、更和平、更充满爱、更有意义？或者以上都是你所追求的？花几分钟思考一下你在心理健康方面有什么样的追求，然后在下面的画线处写下你的想法。在反思的基础上，回顾并运用上面的SMART原则和其他目标设定原则来设定你的心理健康目标。

_____

_____

_____

_____

_____

获得动力，感受自信：泰勒的故事

泰勒今年38岁，已婚，有三个孩子，在一个热爱运动的家庭中长大。他在高中时就参加长跑和游泳比赛，喜欢很多户外体育活动。

然而，当他成为一名父亲，并且随着家庭和工作负担的加重，泰勒发现锻炼越来越难，而且他已经很久没有锻炼了。他意识到自己需要重新开始锻炼，并且他得去健身房锻炼。但是他对自己的体型感到十分尴尬，他暗下决心先在家里把体重减下来，再去健身房锻炼。去健身房让泰勒很纠结。他得先有这个想法才会开始去做，没人可以让他去做他不想做的事情。至于什么时候去、如何腾出时间去、能否兴高采烈地去，都是后话。

但他最终还是去了，他是如何做到的？

第一，泰勒参加了一个线上健身训练项目，这对他来说是个很好的督促。这个训练项目在激励泰勒的同时，也让他无可避免地跟其他参加者进行比较。他很沮丧，因为他感觉自己的进步没有其他人那么快。这种沮丧逐渐转变为自我怀疑，使得他早上更不愿意起床锻炼，毕竟早起锻炼的时间可比平时上班起床的时间早多了。时间的投入是极其难以保障的，因为工作、家庭、教会和其他事情之外的时间所剩无几。

第二，泰勒开始做锻炼计划。他意识到早晨对他来说不是锻炼的最佳时间，于是转而在下班后去健身房。这有助于他在回家之前释放掉一天的压力。

第三，泰勒设定了可以实现的目标。泰勒是个喜欢列清单的人，所以他对什么时间锻炼、做什么锻炼列出了一些具体、可实现的目标。例如，"做什么项目，每个项目重复几次，减多少体重"。刚开始，他的目标集中在减肥上，但是随着目标的不断调整，现在主要集中在"生活方式的改善"上，包括吃更有营养的食物，他在这方面也设定了具体的目标。"最开始的目标是'锻炼后不要吃甜食'，然后变成'每天吃三种蔬菜'，现在是'只吃能增肌并让我感觉良好的食物'。"

第四，泰勒学会了"混搭"。他通过在不同的日子进行不同的锻炼来保持专注和动力。"在家锻炼的阶段已经结束，现在要去健身房锻炼了，"他说，"去健身房绝不是为了社交，我是真的在锻炼，我尽量让自己保持动力。"有时候他会选择跑步而不是去健身房。有时候他不想做任何事。但由于他深刻体会到了锻炼对他的自信、身体和心理的益处，他会寻找新的方法来保持锻炼的新鲜感和动力。

第五，泰勒注重积极的心态。"态度是关键。"他说。锻炼的时候也并不总是快乐的，他也是经过很多年的坚持，才达到了目前这种"享受"的状态，他认为这得益于他在锻炼方面的良好心态。他现在知道，当他锻炼时，他会感觉自己的身体和心理状态更好。"锻炼是跟自己的身体做斗争，但一旦坚持去做了，我就会感觉很好。在身体状态变好之前，我先感受到了情绪状态的改善。"

第六，泰勒和他的妻子结成了锻炼伙伴。过去他觉得和妻子一起锻炼没有安全感，因为她似乎更擅长锻炼，但现在泰勒认为她是他最大的支持。"我们并不总是一起锻炼或者吃同样的食物，但是我们会相互督促对方。我们成了彼此的助力，她激励、鼓舞、推动（有时是硬拖）着我去实现我的目标。我们是完美的搭档。"

终极目标设定技巧

与泰勒这样的来访者或朋友沟通得越多，我就越明白——在我们的内心，无论是男性还是女性，我们都渴望找到自信和归属感，并发挥我们的潜能。设定明确的目标可以引导我们释放潜能，帮助我们运用在本书讨论的所有方法，实现在本书讨论的所有想法。正确的目标可以让我们成为我们想要成为的那个人。

这里还有一些建议，可以帮助你更好地进行目标的设定。

创造成功的愿景

畅销书《高效能人士的七个习惯》的作者斯蒂芬·柯维说得好："以终为始。"很多时候，我们在设定一个目标时，并没有清晰地看到"成功"的结果会是什么样子。例如，我们知道我们想要更健康的心理，但是这到底意味着什么呢？在你设定目标之前，先弄清楚自己想要什么。闭上你的眼睛，想象在你的目标实现后，你会如何思考、感觉和行动，或你将成为什么样的人，写下来。然后，以同样的方式写下你对每一个目标实现之后的愿景。

不要试图一次做太多

一次设定10个锻炼或心理健康目标似乎可以让你为之振奋，但你不可能真的一次完成所有目标。你最好一次只尝试一到两个，并在你做好准备后逐步增加新的目标。

不要期望变化来得太快

通常我们会设定一个目标，然后说："我明天就要开始锻炼了。"然后投入其中。虽然这有时会起作用，但更多时候我们会感到沮丧，因为我们发现自己第三天状态就开始下滑了。我们需要认识到，改变是一个可能比我们预期的时间更长的过程。做出持久的改变比我们想象的需要更多的时间。所以，给自己足够的时间。

"失败"了也不要放弃

我给"失败"两个字加了引号，是因为我们通常以为的"失败"实际上并不是真正意义上的失败。唯一真正的失败是放弃。持续的改变和成长通常需要很多次的尝试，当我们犯错时，重新调整我们的目标是走向成功的重要一步。无论如何，不要放弃你的目标。重新调整，重新评估，重写目标；但，绝不要放弃。

花时间制订一个可靠的计划

在你花时间好好思考和准备之前，不要急于跳到目标的"行动"阶段。我们要经历六个阶段的转变才能实现目标，跳过任何一个阶段都不会帮你更快实现它。因此，你要多花些时间思考你的目标和实现它们的步骤。你预计会遇到哪些挑战，你将如何克服这些挑战？什么时间最适合达成此目标，你怎么知道可以在这个时间实现目标？把这些都写下来，制订一个你可以执行的计划。

用积极的语言、现在时的主动语态写下目标

与其告诉自己不该做什么，不如告诉自己该做什么。与其说"我不会再偷懒"，不如说"我要每天增加运动量"。这可以帮助你感觉更有力量，更加专注于设法实现自己的目标。而使用现在时可以让你的大脑以为你已经达到了目标，让你更加自信，并时刻提醒自己可以做到。

对自己负责并坚持下去

如果我们对自己没有责任感，当事情变得艰难时，我们将很难坚持到底。有些人乐于对自己负责，会不断检查、反复评估、时刻鼓励自己并坚持到底，然而也有很多人缺乏这样的责任感。根据研究，大多数人在有伙伴督促的情况下可以做得更好。和朋友或家人像泰勒和他的妻子一样结伴锻炼，你们就可以定期互相检查和督促。让你的伴侣甚至整个家庭都参与进来，帮助每个人设定一两个目标，然后一起努力实现它们。在脸书上公开你的目标，让更多人看到。或者加入我的"心理健康锻炼脸书小组"（要加入我的"心理健康锻炼脸书小组"，请访问 http://www.exercise4mental health.com，并点击相应的链接），获得一个内在的支持系统。不管怎么做，如果你能够对自己或他人负责，你就更有可能坚持下去并最终实现你的目标。

健康的自我评估

增强动力的另一个重要方法是健康的自我评估。我用"健康"这个词，是因为我们在锻炼和心理健康方面的自我评估可能一点也不"健康"。

我们不应该对那些我们认为、感觉或做的"不好的"事情进行自我评估。当我们没有把事情做好的时候，当我们缺乏动力的时候，当我们疲劳、懒惰、恐惧或明知要锻炼却迈不开脚步的时候，不要自我打击。自我怀疑、自我批评和自我轻视只会带来更多的自我挫败感。这些都不是健康的自我评估。

健康的自我评估是用诚实、充满爱的态度对待我们正在做的事情。它必须基于现实，这样我们就能把握我们的进度，并根据需要和期望做出调整。对心理健康锻炼而言，健康的自我评估是一项特别重要的技能，因为它让我们能够：（1）以最有益、最健康的方式评估我们的进步；（2）关注什么能够激励我们，什么无法激励我们，以及什么会阻碍我们前进；（3）克服那些阻碍我们甚至让我们放弃的消极的、自我打击式的想法和感觉。

如何进行"健康的自我评估"？在"自我价值金字塔"中所学到的方法有助于我们理解自我的真实本性，并彻底地认清自我。当我们练习这些技能时，我们的自我价值会提升，这有助于我们平和而公平地进行自我评估。此外，前文讨论的自决理论、期望理论和目标设定理论的相关概念，同样有助于我们做出健康的自我评估。当我们试着识别自己做一件事情的内外在动机，挑战或改变期望，设定现实、可实现的目标时，我们对自己的评价会更加现实、全面和充满希望。

此外，要做到健康的自我评估，我们需要了解如何定期审视自我，如何在自我监控时避免无端自责。要诀 5 将有针对性地讲述如何识别、挑战和改变错误的想法、信念与自我暗示，但如果我们勤加练习，下面的方法也会有所帮助。

- **养成定期审视自我的习惯**。记住，你的重点是自我评估——全面了解自己在锻炼和心理健康方面的状况。
- **每周自我审视一次**。这样你就能掌握自己每周的进度，看看哪些是有效的，哪些是无效的，从而保持锻炼的动力，并根据需要重新评估你的目标。你也可以用写日记的方式来记录你每周的进度，并写下你的经历。就我个人而言，写日记可以帮助我切入问题的核心，更好地理解所遇到的障碍和问题，当我感到沮丧或不知所措时，日记也是一种宣泄。
- **在锻炼前后进行自我监控练习**。体会你当下的感觉，然后散会儿步，再看看自己的感受，感觉好些了吗？还是更糟？或者没什么变化？为什么会变得更好或更坏了？多做这样的练习，只要找到适合自己的锻炼计划，即便你缺乏锻炼动力，这个技能也会帮你看到锻炼的益处，从而让自己动起来。
- **学习如何认识锻炼对心理健康的益处**。首先，了解锻炼对心理健康的益处；然后通过自我监控，看看这些益处在你身上的具体体现。

获得动力

这个要诀中有许多不同的理论、建议和策略。它们都很有用，重要的是你要以最有效的方式运用它们。希望你至少认真思考过我在这个要诀中提出的问题，并完成了上面的练习，因为我坚信它们会对你有所帮助。试试上述的每一个方法。但如何运用它们增强你生活的动力、锻炼的动力，改善你的心理健康，并实现你渴望的长期愿景和目标，取决于你自己。

接下来，我们将深入探索你关于心理健康锻炼的想法和信念，这一步至关重要。

要诀5：改变你关于锻炼的想法

不要自我设限。许多人把自己局限在他们认为自己能做的事情上。心有多大，舞台就有多大。记住，你相信什么，你就能实现什么。

——玫琳·凯·艾施

你已经对制订一个锻炼计划跃跃欲试了吧，但现在还不是时候。谋定而后动，我们必须先做好准备，其中心理准备是必不可少的。

努力改变你对锻炼的想法和信念是要诀5的主要内容。在要诀5中，你将学会如何为锻炼做好心理准备；你将掌握让自己有动力、有决心克服一切障碍，终身坚持锻炼的心理技能和工具；你还将学会如何摆脱各种借口 ——"我没有时间锻炼""我太累了"或"我的身体不适合锻炼"，让你下决心做出积极的改变，把所有的借口抛在身后。

这就像是尝试改变一条有巨石阻挡的河流的流向。你首先得改变河床的底层结构，否则你无法改变河水的流向（弗里茨，1989）。

这正是我们将在要诀5中努力想做到的——改变你关于心理健康锻炼最根本的想法、感觉以及信念，使它们更好地支持你生活中的健康锻炼行为。

首先，我们将学习一种看待锻炼中的"失败"和"成功"的新视角；然后，我们将学习如何挑战和改变错误的想法和信念。这些技能既可以帮助你克服障碍，设定有效的目标，并让你坚持终身锻炼，又是治疗抑郁症、焦虑症或其他一些心理健康障碍最有效的方法之一。这些技能不仅会让你在锻炼方面受益，还会影响你生活的方方面面，帮助你超越自我，变得更加优秀。

转变"锻炼 = 改变生活"的信念

改变助长负面情绪并阻碍锻炼的想法和信念是有可能的。我非常清楚这一点，因为不仅我自己做到过，也成功地帮助很多个人、夫妇和家庭做到过。

有一对夫妇，塔米和马特，在他们的生活面临很大危机的时候找到我。塔米出于无法解释的原因，忽然强行停用了她的双相情感障碍药物——这在患有严重精神疾病的人身上很常见。这给塔米和马特的生活造成了强烈的冲击，而且无处不在，因为塔米不仅有严重的狂躁症状，还伴随着说谎和欺骗行为——这在这类病例中比较罕见。在这段痛苦的日子里，马特一直陪在她身边，即使她试图用谎言让他离开，并且他还熬过了随后抑郁的黑暗日子。这种情况持续了一年多，对两个人、他们的关系和他们的三个孩子都造成了严重的伤害。

当塔米和马特找到我的时候，塔米的症状已经有所缓解，并重新开始服药，他们已经看了几个不同的医生和治疗师，但没有找到一个真正有效的治疗方案。他们处于离婚的边缘。塔米非常自责，因为她给丈夫和孩子们带来了太多的痛苦，而马特对自己在妻子躁郁症发作期间所忍受的一切心怀怨恨。最大的问题是，塔米并没有意识到自己的自责，马特也没有发现自己潜意识里的埋怨。两人都受到消极思想和情绪的折磨。这些消极思想和情绪控制了他们的想法、情感和婚姻。而他们却似乎无法依靠自己去理解、停止并改变那些给他们带来灾难的想法和信念。

你曾经因为你的感觉、想法或行为而对自己感到失望过吗？你是否很难原谅那些给你生活带来痛苦的人？你是否觉得你的感觉阻碍了你真正想得到的东西——如更健康的心理、更牢固的人际关系和更幸福的家庭？你能意识到那些对你的感觉、行为和生活造成严重破坏的不确定的想法或消极的自我暗示吗？你有没有发现很难做出改变？

我敢打赌，几乎所有人或多或少都经历过这些，我们身上都有塔米和马特的影子。稍后我会详细聊聊他们的故事，现在我们先学习如何做出持久改变。

持久改变的六个步骤

我们如何做出持久改变？这是个大问题，因为改变很难。当我们不了解变化的本质，缺乏识别、挑战并改变我们生活中需要改变的事情的必要技能时，想要做出改变尤为困难。

在下文中，我将基于认知行为疗法简要叙述做出持久改变的六个步骤，包括一种理解改变的新方法和一些着手改变的最有效的工具。慢慢完成这些步骤，理解其中的每一个原则，并将其运用到下文的练习中，你将送给自己一份持久改变的礼物。

第一步：理解改变的螺旋规律

作为一名心理学家，我最常听到的问题之一就是"为什么改变这么难"。我们大多数人都想改变不良习惯、消极情绪、令人沮丧的环境和软弱的内心，我们也认为这些改变是可以做到的，甚至相信克服障碍、执行锻炼计划也没那么难。然而，我们是否相信自己就是有能力做出持久的积极改变的人？

变化是生活不可或缺的一部分。如果不信，就看看自己的身体。你的外貌、感受和举止还像婴儿时期一样吗？当然不会，至少我们的举止发生了变化。我们的身体会改变，环境和想法也会改变，但这些改变是我们的自主选择吗？我们是主动寻求个人成长，还是被动等待变化的发生？如果你想改变自己关于心理健康锻炼的想法和感受，就必须主动出击——马上。

由于种种原因，改变是困难的。有时我们不认为有必要做出改变。有时我们知道需要改变，但不知道从何入手。有时我们尝试改变，也以为自己知道如何改变，却总是踏步不前。在我的心理学实践中，我一直有看到这一点——人们渴望改变，但因缺乏对"改变"的了解和技巧而难以奏效。

改变的跨理论模型

解释改变过程最有用的概念之一就是詹姆斯·普罗查斯卡博士的"改变的跨理论模型"（普罗查斯卡、诺克罗斯和迪克莱门特，2007）。大多数人都简单地认为，改变就是决定做一些不一样的事情，然后去做。但普罗查斯卡认为，改变不是直线式上升而是螺旋式上升的，改变并形成健康的习惯要经历六个阶段，我们可能会在这六个阶段上下螺旋几个来回。

首先让我们一起了解一下改变的六个阶段，然后再看看如何将这些规律运用到自己身上。

阶段1： **前意向阶段。**"我还没有意识到我需要改变；其他人可能看到了，但我自己没有。"朋友和家人可能会告诉你，你需要锻炼。他们可能会说："这会有助于你的心理健康，让你自我感觉更好。"你可能也曾短暂想过，但你并没有太当回事。我想说的是，当下，我们都处于某些事的前意向阶段！

阶段2： **意向阶段。**"我知道我需要改变，但是……"在第二阶段，我们意识到改变的必要性，并开始考虑这件事。我们可能会向家人和朋友提到我们的锻炼需求，但我们还没有准备好制订计划或采取行动。

阶段3： **准备阶段。**"我下个月开始实施我的改变计划。"在第三阶段，我们知道需要改变并且准备采取行动。我们可能会做一些研究，比如研究不同锻炼项目对心理健康的益处；我们可能会增强自己的锻炼动机；我们可能会设定具体、现实的锻炼目标。在这个阶段，我们打算在接下来的几周到一个月内采取行动并实施锻炼计划。

阶段4： **行动阶段。**"我正在积极地寻求改变。"第四阶段是我们正式开始行动的阶段，包括实施制订的计划并评估进展情况。这个阶段是改变过程中漫长而艰难的阶段。在这个阶段，我们终于把自己的想法和计划付诸实践了，并能看到发生了什么。有时我们发现最初的计划奏效了，改变开始发生。有时我们会意识到我们需要回到起点，制订一个新的、更有效的计划。

阶段5：巩固阶段。"我已经实现了我想要的改变，但现在我需要维持它。"为了让改变维持下去，我们需要一个方案来巩固成果。就锻炼而言，我们需要找到一种终身策略来保持锻炼习惯并从中获益。我们必须有克服障碍的决心，并找到保持动力的新方法。比如，当我们对锻炼感到乏味，可以尝试新的锻炼项目来保持新鲜感。

阶段6：终止阶段。"我永久地改变了。我不再需要想着怎么维持这种变化。"事实上，大多数人永远不会实现最终的改变，不过这没关系。坚持不懈是改变的一部分。当然，完全戒掉一个坏习惯，之后再也不需要努力，这是有可能的，就像你在孩提时代就不再咬指甲了。但大多数改变永远不会到达这个阶段。虽然某些改变看起来是永久性的，但其实大多数时候是因为我们保持得很好。

"改变的跨理论模型"的五点启示

我们能从改变的跨理论模型中学到什么，以帮助我们养成心理健康锻炼的习惯？

- **下定决心改变，虽然事实上真正的改变很少见**。你不能指望一下子就能做出改变。虽然少部分人的确能够做到这一点，但对大多数人来说是不太可能的。当你努力让锻炼成为生活的一部分时，要对自己有耐心。当你犯错时，休息一下，然后重新尝试。

- **准备不充分就去改变，往往容易失败**。当人们试图改变时，犯的最大的错误之一是不承认自己尚未准备好。所有改变都需要付出代价，有所放弃才能有所收获，收获那些更新鲜、更美好的东西。例如，即使我们知道自己有必要每周散步3次，但如果没有什么特别的理由，我们也很难改掉久坐不动的习惯，因为我们已习惯了赖着不动，这种状态很舒服。知道自己需要改变是一回事，准备好做出改变是另一回事。改变的螺旋规律告诉我们，在我们采取行动之前有三个阶段，采取行动之后还有两个阶段。

- **如果想要成功改变，就要知道自己所处的阶段。**太多人还没准备好就直接跳到了"行动"阶段。多花些时间分析你所处的阶段，可以极大地提高你成功的概率。

- **改变的六个阶段就像一个螺旋楼梯，大多数人都要经历这个螺旋的过程。**大多数寻求自我改变的人在真正改变之前都会在螺旋中来回折腾几次。在改变的螺旋中，来回往复，甚至暂时的退步，都是正常的。

- **只要你还身处改变的螺旋中，你就在进步 —— 不管你朝哪个方向前进！**研究表明，在下个月就采取行动但"失败"的人未来6个月内成功的概率比那些完全不采取行动的人高一倍（普罗查斯卡、诺克罗斯和德克莱门特，2007）。普罗查斯卡称之为"循环"。例如，连续坚持慢跑7天，然后接下来两周都停跑，这看起来像是失败。但只要你重新回到准备阶段，再设定一个新的行动计划，你就仍有可能成功。如果慢跑计划没有"失败"，你可能永远不会开始"和朋友一起散步"的新计划，而这次你坚持到了"巩固阶段"。所谓成功就是，不论你在螺旋中的哪个阶段，也不管你正朝哪个方向前进，始终让自己身处改变的螺旋之中并不断努力。

改变的跨理论模型让我明白，真正的改变比我所以为的更加复杂，为了改变自己和自己的习惯我们应该关注些什么；它帮助我放下那些因改变没有预期那样快发生时所感到的沮丧，并让我认识到，也许我以为的"失败"实际上只是走向螺旋顶端的必由之路。只要你愿意，我相信这个模型同样可以深刻影响你的思维。

反思问题：改变的螺旋规律

1. 你认为自己正处于"让锻炼成为生活的一部分"这个改变的哪个阶段 —— 前意向阶段、意向阶段、准备阶段、行动阶段、巩固阶段还是终止阶段？

_____

_____

_____

_____

2. 你打算做些什么来推动自己从现阶段进入下一个阶段？你会如何迈出这一步？

_____

_____

_____

_____

3. 在心理健康锻炼方面，你是如何定义"失败"的？又是如何定义"成功"的？

_____

_____

_____

_____

4. 你能从改变的螺旋规律这个角度重新看待"失败"和"成功"吗？如果能，哪些概念对你最有帮助？

_____

_____

_____

_____

_____

第二步：了解思维循环

改变你的思维、情绪和心理健康最有效的心理治疗方法之一是认知行为疗法。认知行为疗法是一种结构化的短期治疗方法，侧重于解决具体问题并改变不健康或无益的想法或行为。它是很多心理健康疾病最有效的治疗方法之一。

认知行为疗法的前提是：我们的想法、感觉、身体反应和行为都是相互关联和影响的。它就像一个循环：当我们出现一个想法，这个想法会产生一种或多种情绪，这种情绪会让我们的身体做出反应（如脸红心跳），最终影响我们的行为。然后我们的行为反过来又会影响我们的下一个想法，循环往复。图 2 可以简单解释其工作原理：

大多数想法都是所谓的"自动思维"，意思是它们是自发形成的。我们大部分时间都没有在思考，甚至听不到它们的声音；它们出现的时候没有任何预兆，而且往往都是无意识的。然而这些想法仍然会引发同样的循环，影响我们的情绪、身体反应和行为。试想一下，如果一直忽视或放任这些自动思维，会对你产生什么

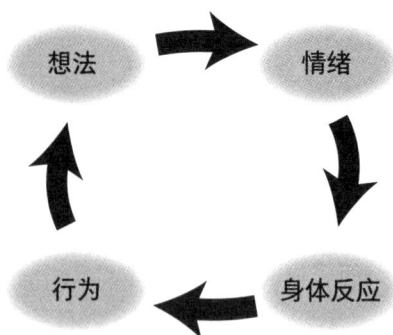

图2 思维循环示例

样的影响。

假设今天是休息日，你刚起床，想着今天做些什么。你可能会想：我应该起床去散步，今天天气看起来不错，锻炼对我的身体和情绪都有好处。你感到平静而充满希望，身体放松，呼吸平稳，然后慢慢翻身起床。然而被窝里太舒服了，你转念一想：躺在柔软的床上多舒服呀，我还是睡个回笼觉吧。随后，另一些想法也冒出来了："我真的需要多睡一会儿，最近工作压力太大了。哦，对了，我今天还有很多事情要做，哪有时间锻炼或睡觉。啊！我觉得我无法呼吸，我的生活压力太大了！"你一开始的放松和困倦可能会因为没有锻炼变成内疚，随后你开始对要做的事情感到焦虑。你的身体会变得紧张——心率加快，呼吸变浅。你的行为呢？你会气呼呼地从床上跳起来，走向厨房，打开一盒甜甜圈，试图通过吃东西来摆脱压力。

这个场景是不是很熟悉？即使你没有经历过这种情况，也很容易看出，我们的想法是如何造成或增加我们的压力，让我们的心情变坏，并给我们带来比预想更多的问题。这个例子中的人不仅没有锻炼，也没有睡成懒觉，他最后以压力和甜甜圈开始了一天的生活。最糟糕的是，除非我们主动干预，否则这将进入一个死循环。他的下一个想法可能是：我不敢相信我刚刚吃了整整一盒甜甜圈！我连自己的身体都照顾不好，又如何照顾得好我的家庭和工作呢？原本可以开开心心起床去锻炼，然后开始美好的一天，结果却以疯狂吃甜食而告终，这严重打击了他的情绪和自尊。

当然，意识到、挑战并改变不必要或不健康的想法并不是件容易的事。就像学习任何新技能一样，它需要练习，所以最好一步步地、脚踏实地地来。首先，花点时间理解这个思维循环是如何运作的。然后，你才知道如何让它为你所用。

思考一下：思维循环

你的生活中存在什么样的思维循环？你能想出跟上文类似的例子吗？想出一个你的想法影响到你的感觉、身体反应和行为的例子，我们将在后面的步骤中用到这个例子。

第三步：用思维记录表识别想法和情绪

思维记录表是我最喜欢用来改变想法和信念的工具之一。它是一个认知行为疗法工具，可以帮助你打破思维循环。它的目的是帮助你发现导致情绪困扰的潜在想法和信念，并挑战这些想法和信念，然后改变它们，从而改变你的感觉、身体反应和行为。

只要运用得当，从思维记录表中学到的原则可以真正改变你的生活。

如何使用思维记录表

表2（见140页）是一张思维记录表。你可以直接使用书中的这个表格或从http://www.exercise4mentalhealth.com上下载表格进行练习。这个表格一共有七列，现在我们只需要用到前五列。

每当你面对挑战或情绪太过强烈时，比如当你感到有压力、不知所措、沮丧或焦虑时，你就可以用这个思维记录表。感到特别快乐或兴奋时，也可以用思维记录表来帮助你更好地理解是什么使你产生了这种感觉。当你听到内心的声音时，你会逐渐发现影响自己的感觉和行为的思维模式，你会开始注意到你的想法对你生活的影响。把它们记录下来，挑战它们，你将有能力改变它们。

本书希望你特别关注那些与锻炼、身体和心理健康相关的状态或情绪。当然思维记录表可以在生活的各个方面帮助到你，包括克服精神疾病，战胜压力和生活的挑战，成为你想成为的人并迅速成长。所以尽可能多地使用它。以下内容将告诉你如何使用这个表格：

- **日期——记下每一次重要经历的日期。**开始练习的时候，你通常会在事情结束后才做记录——可能是当天晚些时候，也可能是第二天，甚至几天之后，所以尽可能记住准确的日期。当你能熟练使用思维记录表之后，你可以做到在事情正在发生时甚至提前写下一些东西。

- **情况——简要描述当时发生的事情。**可以简单到"我告诉同事下班后我要开始慢跑，结果他嘲笑我"或者"我一踏上跑步机就感觉自己不行"。

- **自动思维**——倾听自己的想法，并把它们记录下来。首先，试着在一天当中的任意瞬间停下来，倾听你脑海中浮现的成千上万个想法。意识并捕捉内心的想法非常重要，这样你才能做出完整的思维记录。你可能会有这类想法："我应该去健身房。""我太累了，压力山大。""我什么也做不了，我就是一个失败者！"虽然听起来可能有些刺耳，但如果你不用心倾听，你都不会相信自己的内心居然有那么多乱七八糟的声音。把它们尽可能详细地记录下来。然后努力改变它们。

- **情绪**——注意你的感受，并把它全部记录下来。当你学会倾听自己的想法之后，是时候关注自己的情绪了。情绪通常可以用一两个词形容，可分辨的情绪比你的想法也少得多。当识别情绪时，可以问自己："我现在觉得如何？"然后，把你觉察到的情绪尽可能多地列出来。悲伤、快乐、愤怒、沮丧、平静、安心、焦虑、紧张、担心、害怕、满足、渴望爱与健康等。通常，在任何情况下，你会感受到不止一种情绪。尽可能多地把它们识别出来。想法和情绪经常像一团乱麻高度交织在一起，你很难将它们区分开来，尤其是刚开始练习的时候。这种情况下，只需聆听脑子里的对话（想法），然后通过关注自己的身体来体会自己的感受（情绪）即可。通过反复练习，你将能逐渐区分想法和情绪，并很轻松地理解这两者的差别。我的网站上有一个名为"想法与情绪"的视频讲解，它可以帮到你。

- **程度**——用数字1~10对你的情绪强烈程度进行评估。你的情绪有多强烈？了解当时的情绪强度可以帮助你了解哪些想法会产生更强烈的情绪，同时也可以帮助你了解如何通过改变自己的想法来减少这些情绪。

表2　思维记录表第一部分

日期	情况 简要描述"发生了什么?"	自动思维 "我听到自己在说什么?" "我脑子里在想什么?"， 记下自己所有的自动思维。	情绪 "我的感觉是什么?" 识别自己的情绪，并列出来——伤心、愤怒、沮丧…… （通常不止一种）	程度 用数字1~10评估自己的情绪强度。 "你的感觉有多强烈?"

表 3　思维记录表第一部分示例

日期	情况 简要描述"发生了什么？"	自动思维 "我听到自己在说什么？" "我脑子里在想什么？" 记下自己所有的自动思维。	情绪 "我的感受是什么？" 1. 识别自己的情绪，并列出来——伤心、愤怒、沮丧……（通常不止一种） 2. 用数字 1~10 评估你的情绪强度。	程度 用数字 1~10 评估自己的情绪强度。 "你的感觉有多强烈？"
1月1日	设定新年目标，加强锻炼	"制定锻炼目标有什么意义呢？你明明知道你不会认真去做。" "我从来不做我说过要做的事，尤其是锻炼。" "我就是个失败者，我还会再次失败。"	一开始，充满斗志 然后…… 沮丧 对自己感到失望 害怕 有压力 压抑	9 10 9 6 10 8
1月3日	出去散个步	"真不敢相信我居然开始锻炼了！加油！" "我真的立刻跑起来。走路太没用了。" "老天，几分钟后我就不能呼吸了，腿也疼了。我跑不动。我知道我不能锻炼。我真是个懒人。我连慢跑都不行！我真是个失败者！"	一开始，激动、愉快 然后…… 缺乏安全感 难过 觉得自己没用 感觉自己是个失败者	10 9 10 9 10

马上行动：思维记录表

回顾我在第二步"思考一下"中要你想的例子，然后用思维记录表进行以下练习：（1）听听自己对当时处境的想法；（2）识别情绪；（3）把它们区分开；（4）把它们全部记录下来。表3（见141页）中所举的例子会告诉你具体的操作细节。现在就开始练习，并至少坚持一周。有时甚至要花更长时间才能真正掌握它，所以要给自己留出足够的时间来适应。

第四步：挑战和改变那些不健康、错误或无益的想法

一旦有了完整的思维记录，你就可以开始做出改变了。在这一步中，我们来看看表4（见144页）的最后两列："理性或替代反应"和"结果"。这两列是为了帮你挑战非理性、不健康或无益的想法，从而把它们变得更有用、更真实、更理性。

请注意，掌握这部分技能并不容易。挑战这些想法可能会让我们产生意想不到的情绪，它能挖掘出一些我们早已遗忘的重要经历。慢慢来，并确保自己可以得到一定的支持。大多数人在今后的生活中需要不断练习这些技能（至少我仍在练习），所以要对自己有耐心，坚持到底，必要时可以暂停一段时间。

具体方法如下：

- **识别非理性的想法**。回到你的思维记录表，大致浏览一下你的每一个"自动思维"，然后反问自己："这样的想法有意义吗？这是我真实的想法吗？这是我想要的吗？"圈出那些看起来不合理、不真实或毫无意义的想法。
- **在"理性或替代反应"栏将你的想法转变过来**。看看圈出的每

一个非理性想法，问问自己："我怎样才能使它更真实、更有用、更理性？"例如，对大多数人来说，"我不能走路"这个想法显然是不真实的，大部分人都有行走的能力。你的真实想法可能是"我不喜欢走路"或"我喜欢走路，但我今天太累了"。这两种想法都是真实和理性的，你要挖掘出这些想法，并将它们写在"理性或替代反应"一栏中。

- **在"结果"栏重新评估你的情绪。** 在找到理性或替代反应之后，你对当时的处境有什么新的看法？在"结果"栏用 1~10 重新对每种情绪强度进行评分。想法改变之后，你通常会发现，自己的情绪变得没那么强烈了。

如果你仍然不知道如何使用这个表格，可以在我的网站http://www.exercise4mentalhealth.com上观看"用思维记录表挑战和改变想法"这个视频。

马上行动：挑战并改变你的想法

完成第三步的"马上行动"练习之后，运用第四步的原则识别、挑战和改变那些不健康的想法。如需帮助，请参照本书思维记录表中的示例或者观看网站上的视频。

第五步：发现潜在的心理图式

当你学会聆听自己的想法，并能把它们从情绪中分离出来时，就可以回到思维记录表中去挖掘你的想法和感觉背后的主张或信念了。认知行为疗法称之为"心理图式"。心理图式指的是我们看待自己、他人和世界的基本方式。我们的心理图式本质上就是我们的

表 4　思维记录表第二部分

日期	情况 简要描述"发生了什么？"	自动思维 "我听到自己在说什么？" "我脑子里在想什么？" 记下自己所有的自动思维。	情绪 "我的感觉是什么？" 识别自己的情绪，并列出来——伤心、愤怒、沮丧……（通常不止一种）	理性或替代反应 （"真相"或"事实"） "我还可以如何看待这件事情？" "到底发生了什么？" 写下自动思维的替代内容。	结果 "我现在感觉如何？" 在理性思考后，用数字1～10评估自己的情绪强度。

世界观。

很多人都存在"我不够好"这样潜在的心理图式。如果我们相信自己不够好，我们的思维、情绪和行为也会受到影响。比如每当健身课要开始了，我就会突然变得呼吸不畅，想早点出去，那种"我不够好"的心理图式会让我产生"我就知道我做不到，我就是个笑话，我什么都做不好……"的想法。这些想法让我很难重返课堂，而"我不能锻炼"的信念再次得到强化。

在表 5（见 146 页）的案例中，如果我能识别出"我不够好"的心理图式，我就能挑战它，验证它的真实性，并收集信息构建一个新的心理图式。方法如下：

- **回顾这几天的思维记录，对里面的自动思维进行梳理，找到它们背后的心理图式。**例如，你可能会发现自己有类似"我不值得""我做不到"或"我无能"这样的想法。看看你能否在这些思维记录中找到它们背后的心理图式。
- **把你发现的心理图式写下来。**在思维记录表的空白处写下你找到的所有心理图式。例如，你可能会发现你的心理图式是这样的：锻炼不会给我带来任何好处，因为"从来没有好事发生在我身上"；或者我不会成功，因为"我不值得成功"。一旦找出你的心理图式并写下来，你就可以像在第四步中挑战自动思维一样开始挑战它们。
- **按照第四步的方法挑战这些心理图式。**像私家侦探一样去挑战和质疑每一个心理图式："这是真的吗？我有什么证据证明这是真的或不是真的？"对自己坦诚一点，尽可能多地写下你的想法。
- **重新梳理这些"证据"，看看自己发现了什么。**你可能会发现，有的心理图式的证据很多，有的却很少；或者你很难找到支持某个心理图式的证据；再或者你的心理图式明显是不真实的。单靠自己很难把这些问题梳理透彻，所以我建议你找一个帮手。当然找

表5 思维记录表第二部分示例

日期	情况 简要描述"发生了什么?"	自动思维 "我听到自己在说什么?" "我脑子里在想什么?" 记下自己所有的自动思维。	情绪 "我的感受是什么?" 1.识别自己的情绪,并列出来——伤心、愤怒、沮丧……(通常不止一种) 2.用数字1~10评估自己的情绪强度。	理性或替代反应 ("真相"或"事实") "我还可以如何看待这件事?" "到底发生了什么?" 写下自动思维的替代内容。	结果 "我现在感觉如何?" 在理性思考后,用数字1~10评估自己的情绪强度。
1月1日	设定新年目标,加强锻炼	"制定锻炼目标有什么意义呢?你明明知道你不会真的去做。" "我从来不做我说过要做的事,尤其是锻炼。" "我就是个失败者,我还会再次失败。"	一开始 充满斗志9 然后…… 沮丧10 对自己感到失望9 害怕6 有压力10 压抑8	"我以前不能经常锻炼并不意味着我现在不能。" "只要我为自己设定了具体、现实的目标,就可以做成我下定决心要做的事。" "我不是失败者,只是到目前为止还没找到合适的方法而已。"	沮丧2 对自己感到失望3 害怕2 有压力1 压抑2
1月3日	出去散个步	"真不敢相信我居然开始锻炼了!加油!" "我真的应该跑起来。走路太没用了。" "老天。几分钟后我就不能呼吸了,腿也疼了。我跑不动。我知道我不能锻炼。我真是个懦夫。我连慢跑都不行!我真不行!"	一开始 激动、愉快10 然后…… 缺乏安全感9 难过10 觉得自己没用9 感觉自己是个失败者10	"虽然我开始锻炼比较晚,但毕竟开始了,我应该为此感到自豪。慢慢开始才能长久坚持。" "散步是最好的锻炼方式之一,我不必为了变强壮或成功去跑步。" "用正确的方式实现我的目标并不是懦弱。"	激动、愉快5 缺乏安全感2 难过1 觉得自己没用2 感觉自己是个失败者0

　　心理咨询师是最好的，但值得信任的朋友、伴侣或其他家庭成员也可以帮你理清自己的信念，并提供客观、公正和真实的证据。

　　想知道更多关于如何挑战和改变潜在心理图式的方法，请观看 http://www.exercise4mentalhealth.com 网站上"挑战和改变心理图式"这一视频。

反思问题：心理图式

1. 完成第五步的练习后，你发现了哪些关于心理健康锻炼的心理图式或潜在信念？把它们全部列出来。

_____

_____

_____

_____

2. 这些心理图式是如何影响你的心理健康锻炼的？

_____

_____

_____

_____

3. 如果你可以改变这些心理图式，你打算怎么做？

_____

_____

_____

_____

第六步：提醒自己已知的事实

虽然自我肯定能在很大程度上帮助我们克服无益的想法和信念，但大多数时候它们不管用，原因很简单：我们不相信自己对自己说的话。我经常见到这样的情况：到我这里的来访者带着一份自我肯定清单——这个方法是他们在网上学的——但他们告诉我他们压根不相信那些自我肯定的话。他们说："我每天都对着镜子跟自己说'我很强大'，但我并不认为自己真的强大。"

自我肯定只有在我们相信它们的时候才会奏效，虽然我们最终可能会相信那些我们不断在脑海中催眠自己的话，但肯定已知的事实往往更加有效。此处"肯定"一词的意思是提醒自己已知的事实。我们必须先找出那些符合内心渴望的想法、信念和心理图式，而不是空洞地口头洗脑，然后再提醒自己这些事实。方法如下：

- **列出已知的事实。**依据思维记录表中"理性或替代反应"那一栏的内容以及建立的新的、真实的心理图式，在日记本或电子设备中列出迄今为止学到的有关心理健康锻炼的所有事实。你可能还没有感受到它们的真实性就已经在心里这么认为了。比如举重时，你可能仍会感到虚弱，而一旦你内心坚信举重一定会让你更强壮、更自信，你就很难陷入"我做不到"或"我很虚弱"这样的自动思维。写下"我很强壮，只要我继续练习举重，总有一天我会真正感受到那种力量"也会帮助你想起那些已知的事实。
- **当不真实的自动思维或信念出现时，从上面的列表中选择一两个已知的事实，不断地提醒自己。**例如，如果你正计划锻炼，然后脑子自动冒出"我太累了"的想法，这时你可以跟自己说："如果我去慢跑，我会更有活力"或者"如果我去做瑜伽，我的身体会感觉不那么僵硬和酸痛，我会更放松，更能好好度过这一天"。已知事实的提醒作用非常明显，不仅可以改变我们的思维方式，还可以改变我们的感觉、身体反应和行为。

以下是一些在心理健康锻炼方面的已知事实：

- "当我情绪低落的时候，我应该出去散步。我知道这会给我带来动力，让我扭转局面。"
- "我知道举重会帮助我缓解身体的紧张感，尽管我现在感到非常焦虑。"
- "尽管我压力很大，但我知道如果我锻炼，我可以更好地应对一天的压力。"
- "尽管我今天很郁闷，但我知道我需要锻炼。它会让我心头的乌云消散，就算只是出去晒晒太阳也会有所帮助。"

按照以上六个步骤去做，你就能发现很多对你有用的事实。你必须相信你能做到；而后根据需要不断提醒自己。

反思问题：有关心理健康锻炼的已知事实

1. 参考以上步骤，找到并列出五个有关心理健康锻炼的已知事实。记住，你不必完全感受它们的真实性，你只需相信它们即可。

_____

_____

_____

_____

2. 把这些已知事实贴在你能经常看到的地方。当消极想法开始拖累你时，看一眼这个清单，提醒自己：我知道事实是什么。让它帮助你有动力去克服所面临的障碍。

我们可以改变

现在，让我们回到塔米和马特的案例。他们也用思维记录表来帮助自己识别和挑战不健康的信念。塔米努力挖掘妄自菲薄的想法并调整它们，以此来理解和建立她的自我价值。她终于开始发现自己有"我不够格"这样的心理图式——这是她改变的前提。她也开始将锻炼融入日常生活，并用思维记录表找出那些阻碍她坚持锻炼的障碍。

马特努力去理解他的怨恨，通过思维记录，他逐渐发现这些怨恨有多深重。如今，他已经摆脱怨恨，学着再次信任妻子。这对夫妇用思维记录表分享他们的新发现，重新建立关系，并能更好地理解彼此。马特已经开始和塔米一起锻炼了。塔米上大学时是网球队的，他们在自家后院建了一个球场，基本上每天都要对练。"当遇到问题时，我们就会去后院，一边打球一边解决问题。"他们说。一起锻炼有助于他们解决问题。

我们可以改变我们对锻炼的感觉，我们也可以改变我们的想法、信念和心理图式，进而改变我们对锻炼的态度，提高坚持锻炼的能力，改善我们的身心健康状态。这需要投入精力，需要时间、努力和改变的意愿，需要学习上述技能并在生活中积极运用。但是只要我们真的渴望，并投入了时间和努力，我们就能够开始这种螺旋式的改变，并在某一天发现自己已不知不觉到达了巩固阶段，享受锻炼带来的丰厚回报。

要诀6：克服障碍

人生道路上会有许多艰难险阻。不要让自己成为其中一个。

——拉尔夫·马斯顿

此话诚不我欺。心理健康锻炼也会遇到很多困难和障碍。这些障碍有的是身体上的，如不适、受伤或对锻炼的身体反应；有的是精神上的，如感觉太过沮丧、没有动力或缺乏锻炼意识；有的甚至可能是精神和身体双重的，比如你一锻炼就十分紧张，从而导致身体上的恐慌反应，阻碍你进一步的行动。所有这些都可能给你开始并坚持各种类型的锻炼带来非常现实的挑战。

但我们可以克服这些障碍。这正是要诀6要阐述的核心观点。挑战是我们生活的一部分，体现在各个方面，正如我在《这就是我们成长的方式》一书中所写的："……我们要么在挑战中屈服，要么在挑战中成长。"当我们选择通过锻炼来改善自己的心理健康并获得情感、社会、精神上的和谐时，我们就是在选择成长。这也正是我们学习本书的目的——接受生活的挑战，找出障碍，将它们从我们的人生道路上移除，或者找到绕过它们的方法。

我们可以识别、质疑所面对的障碍并找到它们的替代反应。很多时候，我们觉得只有自己会遇到心理健康锻炼方面的困难，并且这些困难非常罕见，但大多数困难其实都十分常见，我们可以采取一些具体而有效的策略来克服这些困难，让它们化作浮云随风而去。

克服障碍需要精神毅力

大多数人往往更关注锻炼对身体的挑战。毫无疑问，锻炼会带来身体上的挑战，但它同样需要精神上的毅力。即便我们的主要障碍是身体上的，如慢性病，但问题最终还是会归结到我们对锻炼的想法和动机上来。例如，我们是选择完全放弃锻炼，还是与医生一起探讨哪种锻炼方式是最适合自己的。即使面对困难，我们也依然可以保持动力。我们可以找到克服障碍的方法。我们可以选择成长。

如果我们想让身体变强壮，精神的强大是十分重要的。这就是为什么我让大家在正式开始锻炼之前，先在要诀4和要诀5中学习如何培养动力、设定目标、理解变化以及处理错误思想。这是非常重要的一点，也是大多数人经常忽略的一点：在精神上做好锻炼的准备，与身体锻炼同等重要。事实上，如果缺乏相应的心理意识、技能和毅力，我们能将锻炼坚持下去的可能性很小。

如果你读到这里，说："好吧，我就是缺乏毅力，看来我注定是个失败者。"那我告诉你："大错特错！"精神毅力是一种可以培养、提高和习得的技能。无论是演奏乐器还是修理汽车，任何技能都需要我们去学习，去投入时间，去反复练习。如果你已经读完了要诀4和要诀5，你应该已经清楚了这一点：只要愿意努力，你就可以改变自己对锻炼、心理健康和生活的态度及方式。

希望你已经开始依照我在每个要诀中的建议进行自我调整了。现在让我们运用前面练习过的想法、方法和技能，深入剖析我们在心理健康锻炼方面面临的具体挑战，这样我们才能内生出克服它们的精神毅力。

常见的锻炼障碍及克服方法

有关心理健康锻炼方面的潜在障碍，我们可以列出一长串，重点关注那些最典型的即可，然后记在心里。特别注意这些典型障碍的应对策略，并思考哪些策略最有效。

心理健康锻炼最常见的障碍包括：

时间和责任问题

"我没有时间锻炼。"

这可能是不锻炼的人最喜欢用的借口。没错，就是借口。当今世界的生活很忙碌，我们大部分时候会感觉没有时间锻炼，有时是真的没时间锻炼。但平心而论，大多数人都知道，如果我们重视锻炼，就一定可以挤出时间，不是吗？方法如下：

- **想清楚哪些事情对你来说很重要，砍掉那些不那么重要的。** 什么对你最重要？如果心理健康对你很重要，锻炼也应该是。多年前我的丈夫还在牙科学校念书，而我同时要带年幼的孩子、读研究生、做兼职、完成毕业论文，这让我不堪重负。有一天，我把那些对我很重要的事情列出来了，包括孩子和丈夫、信仰和精神连结、在学业上尽力而为、保持身心健康。这有助于我在复盘周计划时砍掉那些不那么重要的事项，让我有时间锻炼、补充睡眠以及独处，从而保证了我的心理健康。这一切都得益于我想清楚了哪些事情对我很重要，并把它们做好。

- **计划并安排锻炼。**不要等到早上醒来才决定那天是否要锻炼。坐下来，为锻炼划出明确的时间，并把它们放在你的周计划中。
- **不要把锻炼的时间安排得太晚。**首先去做那些对你来说最重要的事情。如果你必须早点去上班，可以把锻炼安排在晚些时候，但越早越好。这样你更有可能去锻炼，即使你很忙。
- **将锻炼融入你的日常生活中。**如果你要开车送孩子们去参加课外活动，就在那边散散步，不要开车来回折腾。打扫房间时，试着20分钟不休息，这样你的心率会加快，你也能感受锻炼的效果。你越是把锻炼融入日常生活中，越节约时间。

"我太忙了。我整天工作，回到家还要陪我的家人。"

工作太忙经常被认为是人们不锻炼的主要原因。"我太忙了。""工作压力太大。""回到家我就只能陪陪家人，否则太累了。"诚然，平衡好工作、家庭和生活就已经很难了，更不用说再加上锻炼了。

对很多人来说，工作和家庭的平衡是感知生活压力水平的重要因素，因此也是决定你运动量的一个重要因素。然而研究表明，越是在压力大的情况下，可能越需要锻炼。研究也表明，锻炼与一个人平衡工作和家庭的能力有着明显的关联。表面上看，似乎锻炼只是在时间已经很紧张的情况下的又一件"要做的事"，这也正是如此多的父母和职场人士放弃锻炼的原因。然而，锻炼可以减轻并释放压力，因此可以有效提高工作效率、改善家庭互动。正如一位研究人员所说："减轻压力等于延长时间。"（克莱顿，2014）。

埃里克，40岁，是一名牙齿矫正医师，已婚，有两个孩子。尽管作为父亲和企业主，压力越来越大，但他一直保持锻炼，并且找到了坚持锻炼的方法。"我喜欢锻炼，尤其是在户外，"埃里克说，"但我不想错过和家人共度的美好时光。所以我早上很早就起来跑步，或者晚上等我的家人都睡着后再锻炼。"这样埃里克既没有影响家庭和工作，又能继续享受他喜爱的锻炼带来的益处，比如在工作和家庭中感觉更有活力。"身体锻炼可以让思维更清晰，"他说，"这再明显不过了。"

下面的方法可以帮你更好地将心理健康锻炼纳入已经排满的日程表中：

- **工作的间隙锻炼一下。**每隔30分钟站起来舒展一下身体，在工位旁或办公室走走；散步小憩一下，或者来一场步行会议。午休时间去健身房锻炼或散会儿步。这不仅可以增加你一天的运动量，还会缓解身体紧张，释放压力。
- **利用家庭时间进行锻炼。**在要诀3中说过，一家人一起锻炼是多赢的。你和你的家人在获得身心健康所需的运动量之外，还享受了高质量的家庭欢乐时光，关键是这一切是同步进行的，为你节省了时间。你在促进家庭和睦和心理健康方面一箭双雕。
- **时刻提示自己锻炼的益处。**就像埃里克在上文中说的，如果你能提醒自己锻炼的益处，即使很忙，你也会挤时间去做。"下班之后先去健身房锻炼，总能让我感觉更好。"或者"如果我带着我家的狗出去散个步，压力就会消失。"这些正向思维会提醒你，值得为此而努力。
- **在漫长的一天之后，**和你的伴侣一起散个步，聊聊你们的一天。

这不仅可以让你的身心得到放松，也非常有利于你和伴侣之间关系的维系，让你们能跟上彼此的步伐。

"我有太多的家庭责任要履行！"

家庭责任似乎是永无止境的，尤其当你7天24小时都要带小孩的时候。婴幼儿让你难以脱身，大一点的孩子又有各种学习和课外任务要辅导，跟上他们的节奏实在让你疲于奔命。

其实，对家里有婴幼儿、青少年或身处家庭生活其他阶段的人来说，定期锻炼并不是一种奢望。我自己有6个孩子，相信我，我有切身体会。一家人一起锻炼不仅有益于你自己的身心健康，对你的孩子也一样。

除了要诀3中关于和家人一起锻炼的建议，你也可以尝试以下方法：

- **安排出你一周的锻炼**。预留至少3个持续30分钟以上的锻炼时间。然后在这些时间里做一些简单且不需要交通出行的锻炼，比如在家里爬楼梯，绕着你家小区跑几圈，或者一边听音乐一边做一些简单的运动，如俯卧撑、仰卧起坐或深蹲。
- **让你的宝宝参与到你的锻炼计划中**。把宝宝抱在胸前，做深蹲或弓步。或者把宝宝放在摇椅里，一边跟着视频练习跆拳道动作，一边做鬼脸和宝宝互动。或者推着婴儿车或背着宝宝出去散步。研究表明，推着婴儿车出门散步是改善婴儿心理健康的绝佳途径之一。
- **设一个"家庭锻炼角"，在午休时间锻炼**。这可以帮你省出锻炼时间，也不需要花很多钱。买几个哑铃、一些你喜欢的DVD和一个瑜伽垫就可以了。在午休时间来到你的锻炼区域，拍一个家庭录像，做几组负重练习或拉伸运动。
- 去有托儿服务的健身房锻炼，或锻炼时互相帮忙照看孩子。我教健美操的那几年一直享受免费的托儿服务，我的孩子们都喜欢在我锻炼的时候自己玩。如果你不喜欢去健身房，就跟朋友轮流照看孩子，这样你就可以抽身锻炼了。夫妻也可以这样，一个人看孩子，另一个人去锻炼。

- **邀请朋友一起锻炼。** 比如在公园里，轮流照看孩子，另一个去慢跑，或建一个互助带娃小组，大家轮流照看一群孩子。
- **让小一点的孩子跟你一起锻炼。** 当我家孩子很小的时候，他们经常和我一起做拉伸运动或练瑜伽，他们也会在街上来回骑着自己的童车，而我在旁边跟着跑。这也是让孩子慢慢喜欢上锻炼的好方法。
- **大一点的孩子同样可以和你一起锻炼。** 孩子们长大后，可以邀请他们加入你的家庭锻炼计划，或带他们去健身房。教他们如何安全举重、做有氧运动或使用器械。这是一段美好的相处时光，你也可以教他们一些受益终身的重要技能。
- **跟孩子一起锻炼要多一点趣味性。** 玩抓人游戏、捉迷藏或其他跑步游戏。玩有一定运动量的视频游戏，或用 Sworkit 之类的健身软件让孩子们选择锻炼的时长和类型去完成。一家人一起做会让一切变得更有趣、更可行。

"我无法每天安排出固定的时间来锻炼，所以很难做计划。"

你不需要每天固定一个时间锻炼，你只需要坚持锻炼。为了心理健康而锻炼，也是如此。只要时间允许就动起来，试着每周至少锻炼三天，每天至少30分钟。

这些方法将会对你有帮助：

- **根据需要拆分锻炼时间。** 比如可以将一天的锻炼时间拆成两个部分，上班前和休息时间各锻炼10分钟；或者早上锻炼15分钟，晚饭后再锻炼15分钟。
- **利用碎片休息时间，见缝插针地锻炼。** 打开你的想象力。在家的时候，抽出一点空闲，练一下平板支撑、引体向上或扭扭身体，哪怕每次只做几分钟也好。工作的时候，一个小时左右起身活动一下。如果可能的话，和同事们一起跳一跳、做做深蹲或爬楼梯。大家甚至可以坐在地板上开会，这样每个人都有机会拉伸一下身体。这些碎片时间会给你增加很多运动量。

"我原本计划下班后锻炼，但总会有各种杂事要处理，想锻炼就得熬夜。"

嘿，这很正常，没关系的。就像前文说的，只要有可能尽量一起床就锻炼。如果做不到，就找其他时间来锻炼，就算安排到第二天的早上或下午也行。

以下是一些可以帮到你的技巧：

- 打电话给朋友，约个时间在第二天上班前一起快步走。
- 随身携带锻炼鞋服，一旦忙完之后有空闲，就可以锻炼了。

缺乏动力、无聊和疲劳

"我感觉缺乏动力"

当我们感觉自己缺乏动力时，很难开始锻炼并将计划坚持下去。注意——不是"没有动力"，而是"感觉缺乏动力"。动力源自我们的感受。我们很清楚"我需要锻炼，因为它能够为我带来身心健康和快乐"，但我们却感觉很疲倦、压力大或精力不足，这就是缺乏动力的感觉。

要诀4中说过，心理健康锻炼有内在动机和外在动机。当两种动机兼备时，我们最有可能坚持锻炼。锻炼的外在动机包括心理健康诊断（如抑郁症或焦虑症）、身体健康诊断（如Ⅱ型糖尿病、癌症或纤维肌痛）或跟别人的比较。许多人都是因为这些外部因素开始锻炼的，这当然是一件好事，因为这的确让很多人动起来了。但问题是，如果我们不能找到并加强自己的内在动机，要一直保持锻炼的动力是很难的。

内在动机源自我们对锻炼的信念。

思考一下：确定锻炼动机

你认为你的生活需要锻炼吗？你相信定期锻炼可以让你得到我们在要诀1中提到的益处吗？你相信你能做到并坚持下去吗？

上述或其他类似的问题可以帮你确定自己对锻炼的真实想法及动机。思考这些问题可以帮你提高锻炼的内在动机。常见的内在动机包括珍爱自己和家人，渴望改善心理健康，渴望提升幸福感，以及拥抱自我价值和提升自己在目标实现方面的信心的动力。

例如，如果你相信只要坚持锻炼就可以提升自己的心理健康水平或者如果你相信锻炼对你和你的家人有益处，你就更有可能坚持定期锻炼。"我这样做是为了我的家庭，也是为了我自己"是一种强大的内在动机。其他信念，如"如果我起来锻炼，我今天会感觉更快乐"也有类似的强大效果。

我称之为"发现自己的动机"。你为什么想锻炼？什么在激励着你？明确自己的内在动机是保持动力的一个非常有效的方法。如果你追求的是心理健康，你就可以做一些放松性的锻炼；如果你想感受快感或让自己精力充沛，你可以增加一些有氧运动。我们可能同时有多个动机，也可能只有一个。最重要的是，花时间去挖掘这些动机，并在你需要激励的时候提醒自己。

反思问题：发现你的动机

1. 花几分钟时间让自己安静和放松下来。闭上眼睛，深呼吸，静静地坐着。思考这个问题："我为什么要锻炼？"如果你想完成一件事，找准动机是很重要的。你的动机是什么？

_____

_____

_____

2. 什么样的内在信念和价值观激励着你去锻炼？

_____

_____

_____

3. 什么样的内在信念和价值观促使你关注自己的心理健康和幸福？

_____

_____

_____

除了培养动力，我们还需要努力克服缺乏动力的问题。

当我们感觉自己缺乏动力时，很多事情都会让人举步维艰。这也是抑郁症让人无力面对生活的原因之一。抑郁症的一个核心特征是，它会破坏人的积极性、精力和动力，让你觉得即使做最简单的事情都比平时难得多。讽刺的是，锻炼——这个缓解抑郁症的最好方法之一，往往是你最不想做的事情。大多数情况都是类似的，我们可能缺乏动力，如感觉太累、压力太大或太过焦虑——锻炼对它们都是一剂良方，但首先我们必须让自己开始动起来。

怎么做？

- **从小处着手。**告诉自己："我只是去外面拿下快递。"拿完快递后，你可能会想不妨在小区走走吧。或许你没有这个打算，至少你已经出门了。如果你在小区走了走，你回来后还会有精力做一些仰卧起坐或拉伸运动。先给自己设定一些小目标，然后在你认为合适的时机适度加码，这一招非常管用。"我就穿一下我的运动服。""待会儿广告时间稍微动动吧！""我先跟着视频做 5 分钟瑜伽。"接下来你很可能穿着运动服去锻炼，一到广告时间就会想要动一动，跟着视频一口气做完整套瑜伽。
- **选择合适的时间锻炼。**你什么时候觉得最有活力？我是一个习惯早起的人，所以相比一天中的其他时间，早上一起来就去锻炼会让我更有活力。也许你是个夜猫子，晚饭后和孩子们一起打棒球将会是你感觉最有活力的时候。每个人在一周中适合锻炼的时间也不相同。在某些时候，我们总是不那么想去锻炼。例如，我发现自己更喜欢在工作日锻炼，因为周末的时间不规律，我的几个孩子都在家，占据了我全部的注意力。所以我一般会在工作日的早上锻炼，周六努力融入家庭活动中，周日好好休息。而很多人会觉得周末才是理想的锻炼时间，工作日想要锻炼很难。不管什么时间锻炼，选择对你来说最合适的就好。

- **在日历上做锻炼计划，并逐项清零。** 像安排其他重要日程一样安排锻炼或体育活动，完成一项划掉一项，这会给你带来巨大的动力。
- **循序渐进。** 影响锻炼动力的最大因素之一是试图一口吃个大胖子。开始的时候摩拳擦掌，敲锣打鼓；但是很快我们就不堪重负，精疲力尽，无法跟上设定的目标。循序渐进，逐步养成锻炼的习惯，才是保持永久动力的关键。

"我太累了。"

生活很累，这可能是我们许多人不锻炼的重要原因之一。我们实在太累了，没有精力再去锻炼。然而，当我们累了的时候锻炼一下，尤其是像散步这样轻微的有氧运动，实际上是最能让我们振奋起来的事情之一，其恢复精力的速度几乎比其他任何方式都快，让你在这一天剩下的时间都精神饱满。

以下是一些克服因疲劳而无法锻炼的方法：

- **早上起来第一件事就是锻炼。** 我们早上醒来后往往状态最好，锻炼也有助于我们一整天都保持清醒。
- **给自己一个简单的锻炼挑战。** 告诉自己先锻炼10分钟，如果中途觉得太累，可以停下来。但大部分时候，你会觉得自己"还可以再坚持5分钟"。
- **提醒自己锻炼会让你精力充沛。** 每当我下午感到疲惫困乏时，我会提醒自己去打个盹或快步走一会儿。一旦感受到锻炼对精力恢复的作用，你就会每天提醒自己。
- **注意锻炼和睡眠之间的联系。** 如果你因为睡眠不足而感到疲劳，那么请记住：锻炼和睡眠是相互作用的。睡眠越充足，锻炼状态越好，反之越坚持锻炼，睡眠质量越好。

"锻炼很无聊。"

锻炼让人感到无聊的原因是，我们强迫自己去做那些不喜欢的项目，如跑步、做俯卧撑或上动感单车课。当我们体验到锻炼的回报时，我们自然会学着享受它们，但锻炼的方式多种多样，我们完全可以通过尝试一些其他的项目打破自己对锻炼的既有认知。

同时请记住，不要为了锻炼而锻炼。心理健康锻炼是为了让我们保持生命的动力，享受生命的乐趣。

以下是一些帮助你摆脱无聊的小贴士：

- **选择你真正喜欢的锻炼项目，而不是强迫自己做你不能忍受的项目。**如果你不喜欢健身课，没关系，你可以在家跳舞、滑冰、游泳或打理花园。只有做自己感兴趣的项目，你才更有可能坚持下去。
- **边锻炼边做你喜欢的事情。**一边看电视一边做拉伸运动，和朋友一边聊天一边散步，带着平板玩游戏，或者在跑步机上看书。将你喜欢的日常活动与锻炼相结合，会让锻炼变得更有趣、更快乐。
- **不断做一些全新的尝试。**全新的锻炼项目可以让我们的大脑和肌肉保持新鲜感。还记得我第一次照着视频练完普拉提的第二天，我的肌肉从未有过的酸痛，但我还是迫不及待地想再做一次，因为普拉提对我来说太新奇、太有趣了。你想尝试什么新的锻炼项目？每周在你的锻炼计划中加上一个，不断尝试，直到你找到自己真正感兴趣的项目。

自从高中毕业，南一直纠结于锻炼这件事，她的"锻炼年华"似乎已经随风而逝了。年轻时，她不需要为锻炼纠结，因为她总是积极参加垒球和排球运动。随着上大学、工作、结婚，她开始感到不知所措、压力重重，以至于得了抑郁症。她想锻炼，但没什么锻炼项目能吸引她。她过去喜欢的运动现在不再让她兴奋了，因为以前那些一起运动的伙伴都不在身边了。尽管她的几个姐姐经常锻炼，她可以跟她们一起，但南永远没办法像她们一样投入其中。她试着像她的姐妹们一样散步、慢跑、游泳，但这些项目很难提起南的兴趣，让她坚持下去。

直到她发现了尊巴（Zumba），一种舞蹈和锻炼的混合体。一个朋友向她推荐了尊巴，起初她甚至没打算去尝试，"这是什么鬼？"她想。第一次练习时她感到很不自在，尤其当她觉得自己身材走样，而且以前从未尝试过尊巴时。但和朋友们一起练习很有帮助，再加上老师不断强调去感受它的乐趣，鼓励大家不要太在意动作是否正确，这让她感到很舒服。尊巴不仅有趣迷人，让她忘记自己正在锻炼，还为南提供了内在的社会支持——邀请她的朋友和她在课堂上结交的新朋友。"尊巴让锻炼又变得有趣了。"南说。由于她着迷于尊巴，她的压力和抑郁症状都有所缓解。同时她调整了自己的饮食，最后整整减了50磅。"我并没有刻意减肥或'锻炼'，"南说，"我只专注于寻找一种让锻炼变得有趣的方法来让自己感觉更好。我最终找到了尊巴，而它碰巧可以让我变得更健康。"她还说，她坚持练习尊巴后，发现自己变得更加自信了——这无疑是一个意外收获。

精神和情绪问题

"我压力太大了。"

生活的压力肯定会让锻炼变得困难。工作、家庭、财务、健康、承诺和责任——这些压力间或让每个人不堪重负。然而，当我们感到压力太大而无法锻炼时，可能正是我们最需要锻炼的时候。锻炼能让我们平静下来，提振我们的情绪，缓解紧张，减轻压力。在今天这个过于忙碌的世界，大多数人都迫切需要减压。

压力与生理和心理上的许多症状有关。在生理方面，压力会导致疼痛、失眠、痤疮、不良饮食习惯、不健康的体重变化、腰颈椎问题、肠胃应激综合征（IBS）、头痛、患癌风险的增加、心脏问题等；在心理方面，压力与倦怠、抑郁、焦虑、易怒、低自我价值感有关，并且是大多数心理和情绪障碍的触发及恶化原因。总之一句话：压力有害健康。

短期压力已经够糟糕了，长期压力会造成更重大的伤害。持续的紧张状态或"战斗或逃跑"状态并不是我们的正常状态。在非正常压力状态下，我们的身体充满了"压力荷尔蒙"——皮质醇。皮质醇被称为"健康的头号公敌"，因为它会增加患抑郁症和精神疾病的风险，降低学习和记忆能力，损害免疫功能和心脏健康，甚至缩短预期寿命（伯格兰，2013）。因此，长期压力不仅会使我们现有的精神和身体状况恶化，还会导致严重的身心健康问题。

当我们远离压力源的时候，我们的压力会有所缓解，但是有很多压力（比如来自孩子、工作或照顾老人的压力）是无法避免的。因此压力管理的关键是：（1）尽量消除我们能消除的压力；（2）管理我们对那些无法避免的压力的反应。锻炼是应对压力最好的方法之一。以下是一些相关建议：

- **将体育锻炼与减压和放松结合起来。**瑜伽、普拉提、太极或拉伸运动都可以让人非常放松，也有益于你的心理健康——它们是极好的减压手段。在你需要释放压力的时候，可以选择和朋友一起散步，这在锻炼的同时兼顾了社交。

- **锻炼时做正念/呼吸/感恩/冥想/祷告练习**。这些练习单做时可以帮助你减轻压力，平和心态。将它们与锻炼结合起来，也能达到同样的效果，可以双重减压。散步时冥想，徒步时拥抱自然，骑自行车时感恩拥有的一切，拉伸时祷告。

- **试试"能量一小时"**。锻炼可以成为日常减压计划的一部分。几年前，我开始尝试"能量一小时"，包括30分钟散步或慢跑，这时我会用心感受自然和呼吸，并做感恩练习；然后是30分钟的拉伸、冥想、读经或祈祷。只要哪一天没有做，我那一天就会感觉比平时更紧张，压力更大。你也可以试试"能量一小时"，想想可以在这一小时做些什么？这是预防和减轻压力，开始全新每一天的绝佳方式。

- **如果你的身体已经感受到了压力的影响，试试举重**。如果你因压力而感到肌肉紧张，可以做一些中轻度的举重练习。这可以锻炼你的肌肉，让它们得到活动和拉伸；还能加速血液流动，使肌肉不那么酸痛，让你感觉更平静、更有活力。女士们请记住，举重不是男人的专利，也不仅仅是为了锻炼肌肉。它还能增加骨密度，预防和治疗骨质疏松，是强身健体的好方法。

- **把锻炼变成游戏**。大多数成年人在这一点上都非常失败。正如游戏研究员斯图尔特·布朗所说："游戏的反面不是工作，游戏的反面是抑郁。"我们需要玩，玩的时候不带目的，忘记压力或别人对我们的看法，乐此不疲。什么体育活动可以让你精神焕发、活力四射并拥抱生活？是和孩子们一起扔球、蹦床，还是和朋友们一起玩橄榄球、打高尔夫，或是和家人一起玩水上篮球？让锻炼成为游戏，不仅可以帮你节省时间，还会让你感觉不那么紧张，更容易入睡。

"我被自己的情绪压得喘不过气，没有余力锻炼。"

失落、心痛或抑郁症、焦虑症等精神疾病，通常伴随着过激情绪，让人感觉崩溃。难过、痛苦、悲伤、忧虑或恐惧这类感觉会压垮我们，让我们处于瘫痪状态，什么都做不了，更不用说锻炼了。而恰恰是锻炼，可以帮助我们处理这些过激情绪。还记得要诀 1 中梅切尔的故事吗？她逼着自己去散步、去跑步，最后她成功克服了极度的痛苦、悲伤和恐惧。你同样可以做到。

当你主动感受和处理自己的情绪时，你会觉得自己更有动力去锻炼。尽管听起来很难，但要想从情绪伤痛中寻求治愈，首先要感受这种伤痛。"对我来说，'感受'就是用爱自由地体验各种情绪。"（希伯特，2013）。当我们能够预先"感受"即将到来的过激情绪时，我们就会发现，它们并不像我们想象的那样强烈。当我们充满爱意地去感受我们的情绪时，它们就会得到抚慰。

我们如何"感受"情绪？首先，找一个安静舒适的地方坐下，闭上眼睛，深呼吸。当你呼吸时，体会你的情绪，不管它们是什么——恐惧、心痛、失望、悲伤、难过、担忧、痛苦——你只需要体会它们。继续在呼吸中体会自己的情绪，就像体验身体的疼痛一样。然后，想象自己从情绪中"后退"。当你向后退的时候，各种感觉会浮现在你的面前。你仍然能感觉到它们，但是你现在已经明白，这些感觉并不是你的一部分。它们只是感觉，不是你。做几分钟这个练习，直到你的情绪得到缓解或你需要休息。每天重复这个练习，直到那些持久的负面情绪开始消散。如果你感到极度痛苦或无法控制情绪，并且这些严重影响了你的日常生活，你需要向心理健康专家寻求帮助。（更多内容，请观看http://www.exercise4mentalhealth.com上"如何'感受'情绪"的视频。）

处理过激情绪的最好方法是，把锻炼融入日常生活中，通过"感受"过激情绪来掌控它们，同时尝试以下做法：

- **做静心练习。**冥想、专注于呼吸或正念练习可以帮助你平复过激情绪。
- **报班锻炼。**和别人一起锻炼不仅可以让你摆脱情绪困扰，还可以在你需要交流的时候随时得到心理支持。
- **户外锻炼。**到美丽、安静的地方去锻炼。时不时停下来感受一下大自然，再继续锻炼。
- **回顾前文关于锻炼的已知事实。**最重要的是要认识到"只要我活动我的身体，坏情绪就会消失"。这不是自我催眠，活动身体确实有助于释放过激情绪。千万不要忘记随时提醒自己这一点。

"我太抑郁了，无法锻炼。"

患抑郁症的来访者经常跟我说，他们知道锻炼对他们有帮助，但他们就是没办法让自己动起来。抑郁症会让我们失去锻炼的动力和力量。针对这个问题，要诀 4 和要诀 5 中的动机和思维转变工具会对你有所帮助，我鼓励所有抑郁症患者认真学习和运用这些技能。在极端情况下，如果你的抑郁症确实难以克服，先请医生帮你减轻症状，等状态好一点再重新开始锻炼。[①]

此外，还可以尝试以下方法：

- **找一个锻炼伙伴。**当你在抑郁中挣扎时，这是最有效的方法之一。找一个能随时出现的人做搭档，鼓励你动起来，提醒你坚持锻炼。对锻炼伙伴的责任感会促使你出门，即便你很想待在家里。它还有一个额外的好处，就是帮助你与他人建立联系，

[①] 关于精神疾病的注释：有时，精神疾病患者会被他们的症状压垮，完全无法进行锻炼。如果你的心理障碍的症状很严重，请先就医或咨询心理健康专业人士将症状稳定下来。然后，请他们就如何将锻炼融入你的治疗方案中给出建议。——作者注

让你不再是一座孤岛。

- **循序渐进。** 你不需要激烈运动，也不需要长时间运动，更不需要参加很有挑战性的运动。抑郁时，你只要动起来就好。不用跑步，不用慢跑，甚至不用快步走，就简单地散个步就好，每次 10 分钟，都是缓解抑郁非常好的开端。

- **让散步成为你日常生活和治疗计划的一部分。** 因为散步对情绪、大脑、身体和精神都有益处，所以要养成日常散步的习惯。开始时缓慢而放松地散散步就好，当你感觉自己状态越来越好时，可以适当增加散步的时间。

- **走出去。** 阳光疗法是治疗抑郁症的有效方法，当你在阳光下锻炼时，效果会更好。如果你锻炼的地方风景宜人，那就再好不过了。如同阳光和锻炼，大自然也能让我们的精神振奋起来。

"锻炼让我很紧张。我觉得自己像是恐慌症发作了。"

对许多人来说，这是一个非常现实的问题，尤其是那些患有各种焦虑症的人，包括恐惧症、强迫症、创伤后应激障碍、惊恐症。焦虑和恐慌会引起过度兴奋，这意味着人们所经历的恐惧或担忧会强烈到让人产生生理反应——心跳加快、肾上腺素激增、呼吸急促。由于锻炼也会让人产生类似的感觉，许多患有焦虑症的人在锻炼时会更加焦虑、恐惧或担忧。锻炼会以一种很真实的方式让人感觉像是恐慌症发作了，甚至诱发恐慌症，进而让人更加害怕或焦虑。对许多人来说，锻炼太容易让他们联想到焦虑症了，这给他们克服焦虑症带来了很大的困难，从而形成恶性循环。

萨默多年来一直生活在焦虑和恐慌之中，她早就听说过锻炼对焦虑症有很多益处。她相信她从朋友、家人和医生那里听到的：锻炼可以减轻她的焦虑，释放她的压力，帮助她睡得更好，甚至可以缓解焦虑症带来的心悸，但她还是纠结了很久才开始尝试。

终于有一天，由于即将到来的研究生考试让她十分焦虑，她决定听取大家的建议，开始锻炼。她去了离宿舍比较近的一个健身房，开始在踏步机上锻炼，结果她的恐慌症发作了。"我再也没有去过健身房。"她说。萨默开始害怕锻炼——害怕锻炼的感觉，害怕如果她再试一次，只会让她更加恐慌。

身为心理健康专业人士，萨默知道自己的恐惧是非理性的。仔细研究过认知行为疗法后，她进一步认识到自己的想法是错的。对健康知识的了解让她明白，锻炼会使心跳加快，从而增强心脏功能，这对她是有益处的。但如何克服恐惧，萨默下了一番功夫。

好在萨默最终克服了自己的恐惧，而且她有先见之明，记下了这个过程中对她有帮助的事情，因此她的经验可以帮到更多的人。下面我将萨默克服锻炼焦虑和恐慌的建议与我自己的经验结合起来，供大家参考：

- **在舒适的环境中开始锻炼。**在家里或任何你觉得放松的地方开始锻炼。暂时忘掉健身房，尤其当它可能引发你的不适时。
- **选择令人放松或有趣的锻炼项目。**不要从跑步或开合跳开始。尝试做一些舒缓的运动，比如跟着 YouTube 上的视频打太极，早上在户外做拉伸运动或一些你喜欢的锻炼项目，比如和朋友来一场轻松的徒步。总而言之，你的目标不一定非要是"锻炼"。只要能让你动起来就好，并且尽可能让自己感到舒服。
- **从小处着手。**不管一开始的运动量有多小，也不管需要花多长时间你才能有所提升，重要的是你在动。萨默建议可以从非常小的运动量开始，比如第一天跳 30 秒钟的舞。到了时间就停下来，第一天千万别贪多。第二天尝试跳满一分钟。如果感觉还行，第三天尝试跳两分钟。如此"温柔"的计划表看起来可能有点搞笑，但是千万不要迷信他人的建议盲目加量。在这个阶段，我们的首要目标是让自己的身体重新熟悉锻炼的感觉。在宿舍跳两分钟舞总比什么都不做强。

- **分散自己对锻炼的注意力。** 开始锻炼时，通过电视、音乐、阅读、广播或任何能让你忘记身体感受的方式，转移你的注意力。

- **逐步让自己适应在各种环境中锻炼的感觉。** 这是暴露疗法的一部分。暴露疗法常被用来治疗恐慌症和焦虑症。将自己暴露在易于引发恐慌症状但危险较小的环境中，可以帮助你适应身体的反应。例如，萨默认为，如果出汗会引发你的恐慌，那么你可以洗完热水澡后在浴室多待一会儿，让自己感受皮肤和身体上的湿气和汗水（贝莱斯基，2011）。慢慢地，这类暴露体验可以有效帮助你对各类引发恐慌的感受和环境脱敏，让你更能在锻炼中适应它们。

- **练习自爱。** 我们在要诀 3 中讨论过自爱，这是练习自爱的绝佳机会。在按照上述建议练习之前，做一下深呼吸，并记住你为什么锻炼。提醒自己，你这样做是因为你爱自己，希望善待自己，让自己处于最佳身心健康状态。然后，按照这些建议用实际行动爱护自己，开始锻炼，需要休息的时候就停下来，每天都拥有一颗自爱的心。认可自己迈出的每一小步，让自己感受到进步的喜悦。

身体健康问题

"我锻炼时会受伤。"

"没有痛苦就没有收获"这句谚语有时是不利于健康的。锻炼不应该是痛苦的。你可能正在强迫自己锻炼，你也可能会觉得锻炼有点痛苦，特别当你第一次尝试某个锻炼项目的时候，但是痛苦本身不应该成为你日常锻炼的一部分。

首先，理解"伤害"对你意味着什么，这一点很重要。伤害可

能意味着不适 —— 上气不接下气或身体酸痛，尤其是在锻炼的第二天。伤害也可能是疼痛、受伤或疾病。当你锻炼时，不应该有疼痛和恶心的感觉。还记得要诀3中的朱莉吗？健康的锻炼不会带来恶心和呕吐的感觉，如果你在疼痛或生病时继续锻炼，会导致受伤或病情的恶化。

"有益的酸痛"和"有害的酸痛"是有区别的。"有益的酸痛"是指当你尝试了一些新动作、用到了不常用的肌肉或练习了新项目并且运动量较大时，第二天的身体感受。当你处于"有益的酸痛"状态，尽管你需要休息几天让酸痛的肌肉得以恢复，但一旦恢复过来，你还可以锻炼，并且不会再痛。

"有害的酸痛"意味着你透支了自己的身体。呼吸过猛或肌肉拉伸过度导致疼痛，或运动量过大而伤了身体，这些都表明你正在做的事情是不健康的。锻炼的目的是治愈身体而不是毁坏身体。要特别注意两者之间的区别，防止锻炼带来疼痛、伤害甚至疾病。

也就是说，锻炼时感到有点不舒服是可以接受的，尤其刚开始或运动量刚好达到"有益的酸痛"的时候。以下是一些可供参考的策略：

- **选择一个你知道自己可以安全完成的简单项目。** 选择一些简单易做的锻炼项目，如散步（通常也是首选的锻炼项目）。你练得越多，掌握的技能就越多，你可以尝试的锻炼项目就越多、时间就越长、强度就越大。无论你是第一次锻炼，还是很长时间没锻炼后重新开始锻炼，循序渐进都十分重要。
- **试试专为初学者开设的锻炼课，或找私教指导。** 好的教练会教你如何预防受伤，在旁边看着你，并告诉你如何在保证安全的前提下有所提高。锻炼时有人从旁指导并给一些安全方面的建议很有帮助，尤其当你刚开始锻炼的时候。

- **试试用物理疗法帮助你进行恢复。**物理治疗师可以帮你安全有效地活动身体，让你尽快恢复到正常状态。

- **如果你在锻炼过程中感到不舒服（但没有感到疼痛），那么把注意力从身体上转移到其他事情上。**如果练习举重，就把注意力放在计数或屈伸幅度上。如果下班后在健身房做有氧运动，就看看新闻、翻翻杂志或观察一下别人，这样你就不会注意到自己呼吸急促、身体不适了。

- **如果你被慢性疼痛困扰，可以尝试有针对性的锻炼项目。**可以有效缓解慢性疼痛的锻炼项目多种多样，且大多是完全免费的。首先，咨询你的医生并获得许可。然后，尝试你在网上搜到的各种方法。我最喜欢的锻炼教学视频之一是 YouTube 上的阿德里安瑜伽。阿德里安为人踏实，知识渊博，他有很多针对各种慢性疼痛和其他问题的视频，包括"头痛瑜伽""背痛瑜伽"，还有我最喜欢的"坏心情瑜伽"。最棒的是这些教学视频都是免费的。

- **如果你感到疼痛，减少运动量或停止锻炼。**如果一项锻炼让你感觉很痛苦，那是你身体在说"不要再做了"。你可能需要放慢速度，暂停一下，或者休息一两天。你也可以选择更低强度的运动，比如散步、游泳或在水中做有氧运动，这对"有益的酸痛"和"有害的酸痛"都有益处。请记住，如果疼痛持续存在，请在恢复锻炼前咨询医生。

自我意识、身体形象和自信问题

"我太在意自己的外表了。"

许多人认为在健身房里，每个人的身材都超棒，自己身处其中像个怪物。我们害怕别人盯着我们看，然后在心中或跟他人评论我们的身材和长相。这只是一种错觉，不是真的。健身房里的大多数人都和你一样，身材一般，很多人甚至跟你有同样的感觉和想法。他们去健身房并不是为了评论他人，而是为了改善自己的身心健康。

尽管如此，自我意识仍然是锻炼的一大阻碍，以下建议将对你有所帮助：

- **独自锻炼**。你不需要在健身房或公共场所锻炼。如果实在不舒服，那就避开人群，可以在家跟着教学视频锻炼，可以在小区里锻炼，或者干脆买一些家用健身器材，如跑步机、动感单车或踏步机。可以去线上二手市场逛逛，很多人买了健身器材又不用就会在上面二次售卖，你也许可以寻宝捡漏。
- **保持向往**。想象一下当你坚持锻炼了一段时间后的状态，健康、快乐、富有情感，并夸夸自己为之所做的努力。当你遇到困难时，想想这些美好的愿景，你就能从中得到激励，重拾信心。
- **复习要诀2和自我价值金字塔**。意识到自己的不自在是克服它的第一步。运用要诀3中的工具练习自我接纳和自爱。随着自我价值的提升，你的自信也会有所提升。

"我感觉很没有安全感，觉得自己像个傻子……"

我想任何去过健身房的人对这种感觉都不会陌生。你走进健身房，感觉每个人都在看着你这个菜鸟。你鼓起勇气走到其中一个健身器材旁，却不知道它们怎么用。又或者你想了解一下健身课程相关的问题，却不知道有哪些流程。即使我自己是健身教练，当我去一个新的健身房时，我也会有类似的感觉。我总是感到有些尴尬，感觉每个人都在围观我笨手笨脚的样子。

我反复强调，自信对锻炼而言至关重要。只有我们对自己正在做的事情感到自信和安全时，我们才更有动力去锻炼。当我们不自信时，消极的自我暗示往往会出来干扰我们。"我真不知道自己在做什么""我肯定是这个班最差的"或者"我看起来像个白痴"，这样的消极自我暗示会不断打击我们，直至彻底摧毁我们的自我价值。

但是，我们可以选择去倾听、挑战和改变不健康的想法和自我暗示。我们也可以提醒自己，通过练习增强锻炼的信心。

以下是一些小贴士：

- **如果你对集体锻炼过于缺乏安全感，那就单独锻炼，或和一个值得信任的朋友一起锻炼。**我听一些来访者说过，他们对自己锻炼时的样子非常不自信，只有在完全独处时才会锻炼。一个来访者在浴室里做俯卧撑，所以当他重拾信心去健身房时，连他的妻子都没想到。还记得要诀 4 中泰勒的故事吗？他最开始也是在家锻炼，经过练习，终于有了足够的信心，才定期去健身房。再次强调，健身房并不是锻炼的唯一选择。（比如我最近根本不去健身房。）
- **如果你打算去健身房，那就在人少的时候试试。**先在健身房四处转转，这样你就会知道什么东西在哪里，也可以先了解一下各种器材怎么用。或者刚开始去健身房锻炼时趁着人少的时候去，给自己一段时间先熟悉环境和器材。
- **不断提醒自己"熟能生巧"。**虽然勤加练习不一定可以让我们把事情做得完美，但肯定会做得更好，锻炼也不例外。一个项目练得越多，你就越能驾轻就熟。如果在家锻炼更舒服，那就先在家锻炼，这样等哪天你要去健身房的时候，会感觉准备得更好。你的信心也会随之建立起来。
- **避免消极的自我暗示。**回顾要诀 5 中用来改变想法和信念的方法。用思维记录表如实地把你的自我暗示记录下来。浏览一遍，再在"思维记录表第二部分"写下正向的替代反应。如果你在心里说："我真是史无前例地差劲。"那就改变这个想法。你没有证据证明自己是最差的，就算是又如何？这又不是跟谁比赛。你只需要"战胜"自己（千万不要"击垮"自己！）。你可以这样想：虽然我目前还不擅长这个项目，但我知道只要我坚持下去，我可以做得更好。

* **尝试运用想象力。**闭上眼睛，深呼吸，想象自己在做让你觉得没有安全感的事情。想象一下最好的情况，在这种情况下，你明确知道该做什么，并且怎么做会让自己感到自信和安全。想象你实现了心理健康锻炼目标后的自信满满。想了解更多如何运用想象力进行心理健康锻炼的信息，可到http://www.exercise4mentalhealth.com上下载音视频。

"我担心会失败。"

对许多人来说，对失败的恐惧，有时甚至是对成功的恐惧，是成功路上一个巨大的绊脚石。恐惧阻止我们前进，不管它来自何方。它错误地让我们相信，我们在保护自己免受某种伤害。而事实上，恐惧只会让我们忽略潜在的益处。恐惧不同于警告——当事情真的出错时，我们会产生这种感觉。当我们得到警告时，我们知道有什么事情不对劲。然而，心中的恐惧总是喋喋不休，不断提醒我们永远不会成功。

因为害怕失败而逃避锻炼是心理健康锻炼唯一的失败。如果我们能够认识到，恐惧唯一的作用就是阻止我们实现伟大的目标——本文指通过锻炼实现心理健康，获得幸福——那么我们就可以消除恐惧对我们的影响，战胜恐惧。

对成功的恐惧也会阻碍我们前进。有时候，我们逃避锻炼，是因为我们害怕一旦成功了，我们不得不做出改变，而我们害怕改变。由于害怕改变而逃避锻炼意味着"我只想待在原地"。这是进步和成长的对立面。

如果我们想获得锻炼带来的所有益处，我们必须努力战胜恐惧，不要让恐惧打败我们。以下方法可以帮助你面对恐惧：

- **认清自己的恐惧**。"如果我去健身房，恐怕会成为笑柄。"
- **给恐惧定性**。告诉自己："这就是恐惧，恐惧只会阻止好事的发生。"
- **感受恐惧**。刚开始这可能很难，但请坐着别动，深呼吸，让恐惧进入你的身体。当你"感受"到恐惧时，继续呼吸，并提醒自己："这只是一种情绪，这不是我自己，我不会让它控制我。"你可能很快就会把恐惧推开，但没关系，再来一次，每次进步一点点，直到恐惧消失。当你处理和感受某种情绪时，它的力量就会被削弱。（想了解如何"感受"恐惧的更多信息，请访问 http://www.exercise4mentalhealth.com，观看"如何'感受'过激情绪"这一视频。）
- **设定现实一点的目标**。有时候，我们害怕是因为我们把目标定得太高了。不要把目标定为每天锻炼一小时，一旦你做不到，你的自我价值感会直线下降。回顾要诀 4 中关于目标设定的内容，设定一个有助于减少恐惧的目标。

"我不适合锻炼。"

许多人都曾认为自己不适合锻炼：我天生身僵体硬、四肢不协调，或我似乎没办法在锻炼方面像别人进步那么快。"我不是运动员""我不擅长锻炼"或"我就是做不到"，这些口头禅都是破坏自我价值核心的借口。一定要意识到，这些都不是真实的。我们可能天生不如某些人有运动天分，但我们每个人都可以用自己独特的方式获得我们期望的心理健康锻炼带来的益处。

以下建议可以帮助你少找借口：

- **用自我价值金字塔提醒自己是谁。** 运用自我意识、自我接纳和自爱的原则，提醒自己，你不是自己以为的那个自己。你的生命比你想象的丰盛得多，你有终身锻炼的潜力。不要因为放弃而低估自己。相信自己绝非表面看到的那样。然后，通过练习自我意识、自我接纳和自爱来克服错误的自我评估。
- **把事情简单化。** 从散步、拉伸和举重这样的基本运动开始，慢慢来。给你的身体足够的时间去适应你正在学习的东西，你终会达成自己的目标。
- **忘记竞争。** 我们不是要和任何人比赛，不是要成为运动巨星，也不是要通过拼命撸铁成为健身房里块头最大的家伙。我们只是希望通过锻炼让自己的身体和大脑产生积极的变化，仅此而已。
- **找到你独特的优势，并以此为基础开始锻炼。** 做一些让你感到自信、舒适和快乐的运动。我的婆婆特别擅长匹克球，所以她每天都打，而且通常都能赢。她可能无法跟健身房的那些家伙比谁块头大，但她可以在匹克球场让那些大块头望尘莫及。当你做你觉得有信心的运动时，你会发现自己真的是一个擅长锻炼的人。你需要不断尝试，才能找到自己擅长的方向。

社会、文化和财务问题

"没人支持我。"

在锻炼这件事情上，有人可能出于嫉妒质疑你、引诱你或不看好你。也许在你的文化或家庭中，锻炼并不被重视，甚至你最亲密的人似乎也不支持你为了心理健康而锻炼。理想情况下，你的伴侣、孩子和朋友会支持你锻炼，但如果情况不是这样，那么下列建议或许会有所帮助：

- **邀请愿意帮你的亲人。** 向他们解释你的心理健康锻炼目标，告诉他们如何帮助你。让他们督促你，查看你的进展，给你多一些鼓励或锻炼的时间和空间，也可以邀请他们和你一起锻炼。

- **如果你的家人和朋友不愿意支持你，那就寻求其他人的支持。**
  从其他朋友、亲戚、同事、健身专家或社区团体那儿寻求支持。
  你的支持系统越多样、越宽泛，成功的机会越大。
- **去健身房、健美工作室或其他地方上健身课。** 在那里，你可以
  认识重视锻炼的人。或加入与健身有关的俱乐部，比如滑雪俱
  乐部、跑步俱乐部或网球俱乐部。
- **找一个人监督你。** 找一个值得信任的、对锻炼也有兴趣的朋友、
  同事或家人，每天或每周提醒你汇报或检查锻炼的进度。就算
  只有你一个人锻炼，有一个人在旁监督也会很有帮助。
- **加入线上锻炼支持小组。** 比如我的"心理健康锻炼脸书小组"，
  这只是众多线上锻炼支持小组中的一个。你可以从很多和你情
  况类似的网友那里获得支持。

"我办不起健身卡"

现在，希望你已经明白，你并不需要办健身卡就可以锻炼。以
下是一些可供选择的方法：

- **在家中留出一个健身场地。** 我们在上文已经讨论了在家中留出
  一个健身场地有多省钱。很多锻炼根本不需要器材，大多只需
  要几个简单的道具。你甚至可以把便宜的塑料管当阻力带用，
  或者就地取材，比如用装满牛奶的大罐子做负重练习。（上大学
  时，我也去不起健身房，就用灌满水的洗发水瓶子练负重。）
- **建一个自己的锻炼小组。** 建一个散步、游泳或骑行小组，或和
  朋友们一起上同一个锻炼课程。几个我认识的女性朋友就常常
  和小区里的熟人一起做晨间运动。她们约定每周有三个早上去
  某个人家里做做有氧运动和力量训练。
- **试试社区中心。** 社区中心提供的课程通常比私人健身会所性价
  比更高，而且课程种类也很全。

环境问题

"天气太糟糕了，我没法锻炼。"

无论天气多么恶劣，都有很多好办法让你坚持锻炼：

- **在室内锻炼。**这显然是一个很好的解决方案。如果你不知道要做什么，YouTube上有各种不同时长和风格的室内锻炼视频，如"跳跳糖健身操"。
- **如果你特别喜欢户外锻炼，不想放弃，那就买一些适合各种天气的衣服。**冬天穿保暖一些的衣服，春天穿防雨的衣服，夏天穿凉爽的衣服，这样你就可以一年四季在户外锻炼了。
- **注意不同季节锻炼时间的调整。**夏天很热，最好起床就锻炼，必要时涂上防晒霜。冬天最好在中午锻炼，因为中午最暖和。

"我经常在外出差或旅行，没法锻炼。"

这确实是个问题，但不是不锻炼的理由。事实上，经常奔波对个人精力和体力都是一个挑战，而锻炼可以让你放松，帮你减压。以下是在旅途中锻炼的一些技巧：

- **在行李中放上阻力带或喜爱的锻炼DVD。**这些物品既轻便又不占空间，这样你就可以在酒店房间里锻炼了。
- **入住配有健身房或游泳池的酒店。**提前了解酒店是否有运动设施，如果有的话，就可以像在家一样安排锻炼。
- **如果坐飞机，可以利用中途转机的时间在机场附近到处走走。**这样可以缓解你身体的疲惫，让你神清气爽。
- **出门逛逛。**我非常喜欢在陌生的城市到处逛。看看路边的风景，逛逛当地的旅游景点，或只是散散步，感受一下当地的氛围，都是非常好的锻炼方式。

其他建议

下面是我脸书上的粉丝提供的让锻炼更可行的建议：

- "我不想再吃药了，我每天都这样提醒自己。这让我有了坚持锻炼的动力。"
- "我永远忘不了那种跌落谷底、绝望哭泣的感觉。我再也不想那样了，所以我要锻炼。"
- "花钱去锻炼。如果我在锻炼上花了钱，就更有可能逼自己去锻炼。"
- "我喜欢做健身挑战——连续锻炼30天、60天或90天。这给了我很大的动力，像游戏一样，让我一天都不愿错过。"
- "从最小的运动量开始，然后享受完成后的成就感。哪怕只锻炼了4分钟，也足以让自己感到自豪。"
- "把运动服放在你一睁眼就能看到的地方，不锻炼的时候也可以穿着运动鞋，这样你就更有可能锻炼了！"
- "我有一个喜欢的音乐播放列表，只有在锻炼的时候才会听。这是我奖励自己锻炼的一种有趣的方式。"
- "我先告诉自己'只做10个仰卧起坐'。有时我做完10个就结束，但更多时候我会说：'好吧，再来10个。'"
- "我平时会散步、跑步、赛跑，有时还会参加团体比赛，如拉格纳（Ragnar）越野接力赛。比赛会激励我训练，让我不断攀登更高的山峰。"
- "称体重，自拍，找一个监督我的小伙伴，都可以让我保持锻炼的动力。"
- "不断告诉自己：'我一定会爱上我正在做的这件事！'"
- "用美食或音乐奖励自己。"
- "提醒自己，一旦动起来，总会感觉更好。"
- "提醒自己，只要出去锻炼，就不会感觉那么焦虑。"
- "把做家务当作锻炼。我把锻炼变成看起来不像锻炼的事情。"

锻炼本身也可能会成为一个问题：坚持与上瘾

有时候锻炼本身也会成为一个问题。过度锻炼或锻炼成瘾是一个严重的问题，需要进行干预，以防受伤或生病。坚持锻炼和锻炼成瘾之间有着本质的区别。

那些坚持锻炼的人会有意识地分析锻炼的益处，并渴望得到这种益处。坚持锻炼的人会在锻炼过程中体验到满足感、成就感和愉悦感，这些反过来又会促使他们继续锻炼。研究表明，坚持锻炼的人会对锻炼有所控制，他们锻炼通常是为了获得外在回报，认为锻炼是他们生活中重要的组成部分，但不是生活的核心，当他们停止锻炼时，也不会出现戒断症状（绍博，2000）。

相反，锻炼成瘾则是一种强迫性行为，并会在生活的一个或多个领域造成重大损害。锻炼成瘾的人往往：（1）为了内心的某种满足而锻炼，尽管这更多是一种被动的驱动，而不是一种享受；（2）将锻炼视为生活的主要内容；（3）锻炼越来越难以让他们"感觉良好"；（4）当停止锻炼时，会出现强烈的戒断症状，如抑郁、焦虑、失眠、紧张、内疚、食欲不振和头痛（萨克斯，1981）。简而言之，那些锻炼成瘾的人最后会对自己的锻炼行为失去控制。锻炼成瘾常常会导致饮食障碍，这是另一种与控制有关的精神障碍。

关于为什么有些人会对锻炼上瘾，有许多假说。一个是内啡肽假说，该假说认为，由于锻炼时人体的内啡肽会增加，从而产生欣快感，让人上瘾。从某种意义上来说，这一假说认为锻炼上瘾就像"鸦片上瘾"一样，对锻炼上瘾的人需要越来越多的内啡肽来体验同样的（跑者）快感。另一种理论叫交感神经兴奋假说。

这一假说认为，经常锻炼会导致交感神经兴奋降低，让人进入更放松的休息状态；久而久之，我们的身体需要越来越多的锻炼来保持最佳的兴奋状态或克服休息时的无精打采（托普-森和布兰顿，1987）。

不管什么原因，锻炼成瘾都是一个需要警惕的问题。如果你认为自己或身边的人可能过度锻炼或锻炼成瘾，请向医生或心理健康专家寻求帮助。

锻炼能否成功完全取决于你的认知

上述各种锻炼问题都有一个共同的核心：它们都基于你对锻炼及其成果的想法、信念和认知。锻炼能否成功取决于我们如何看待它。当我们明白这一点，我们就可以创造出一种新的心理图式，支撑我们坚持心理健康锻炼并为之付出努力。不管是什么障碍，只要我们敢于突破，灵活面对，都是可以克服的。

反思问题：克服障碍

1. 什么最妨碍你锻炼？是时间不够、精力不足还是缺乏动力？你是否每开始一个计划，最后总是半途而废？你有没有意识到消极的想法正在乘虚而入，给你制造麻烦？找出阻碍你锻炼的所有障碍，并把它们列在你的日记本、笔记本或下面的画线处。

_____

_____

_____

_____

_____

2. 参考上面提出的建议，也可以加入自己的想法，做一个头脑风暴，思考如何克服所有障碍。每一点想法都很重要，找到它们，并记录下来。

_____

_____

_____

_____

3. 列完之后，选择其中一个障碍，运用我们之前练习过的方法来克服它。然后马上行动起来。例如，如果你最大的障碍是缺乏动力，你可以打电话给一个朋友，约好明天一起去骑20分钟自行车。把事情先定下来，然后设定一个合理的惩罚措施，一旦你没有按自己说的去做，就接受相应的惩罚。可以循序渐进，但从今天就开始。

第三部分

行　动

要诀 7：身心平衡

锻炼是为了成长，而不是自虐。世界不是一天形成的，我们也不是。设定小目标，然后循序渐进。

——李·哈尼

终于到了具体实施阶段！我们准备制订一个适合你的锻炼计划。为什么我要等到第 7 个要诀才介绍制订锻炼计划的基本原则呢？还记得我们在要诀 5 中讨论过的"改变的跨理论模型"吗？这就是原因。因为"行动"并不是第一阶段该做的事情，而是第四阶段才要做的事情。如果我们想要让改变持续下去，必须先经历"前意向阶段""意向阶段"和"准备阶段"，之后再采取行动。

在我们学习心理健康锻炼前六个要诀的同时，其实也在经历"改变的跨理论模型"中的各个阶段。至少这些要诀为我们提供的信息和工具，足以帮助我们开始进入改变的螺旋过程——只要我们愿意。这就像是我们拿到了一串钥匙，我们需要做的只是找到正确的钥匙，插入锁孔并转动它们，便可以打开我们想要进入的门。

在本书中，8把钥匙要共同作用，才能打开长期锻炼和保持心理健康的大门。

我们需要先理解第一部分的内容。在要诀1中，我们了解了锻炼对我们心理健康的作用：它是如何改善我们的身体、心理和精神状态的。这打开了从"前意向阶段"到"意向阶段"的大门。然后，我们了解了身体锻炼与自我价值感是如何相互影响的（要诀2），以及心理健康锻炼方面的价值观及态度与我们的家庭关系是如何相互影响的（要诀3）。第二部分是关于如何为锻炼做好准备的要诀——培养锻炼的积极性，设定具体可行的目标，改变错误的信念，克服阻碍我们前进的障碍（要诀4~6）。

现在，我们将运用FITT原则制订一个适合我们自身独特情况和需求的锻炼计划，以完成锻炼前的准备工作。我们将在下面学习更多关于FITT原则的内容。总的来说，FITT包括了一个均衡、有效的锻炼计划所需要的全部要素。它可以帮助我们运用在要诀4中学到的目标设定技巧，制订一个具体可行的心理健康锻炼计划。

为了对我们的锻炼计划有个大致的概念，我们需要先了解身体锻炼的基本准则。再次提醒，在开始任何新的锻炼计划或对现有锻炼计划进行大幅调整之前，请先征得医生的同意。这句话我在前文说过，现在再说一遍，因为这非常重要。向你的医生咨询，如何最大化地利用要诀7中的知识保护你的安全，预防锻炼带来的伤害或疾病，从而帮助自己达到最好的心理健康锻炼效果。

锻炼建议

美国疾控中心2011年公布了一则锻炼指南，这是刚开始制订锻炼计划时一个不错的参考材料。它会告诉你达到最佳锻炼效果的普适性建议，但也只能作为参考。千万不要因为没有按照上面的建议去做而觉得自己不够努力或很差劲，甚至让它压垮你。它只是告诉你，一般而言，大家会怎么做。如果出于某种原因，你还没有准备好按照指南进行锻炼，也没关系。它可以作为你锻炼的目标、起点或参考，这完全取决于你当下的锻炼和心理健康状况。

美国疾控中心的锻炼指南有一点特别值得肯定，就是在锻炼时长、强度、类型和频率方面为大家提供了不同的选择，所以你可以根据自己的情况量身定制锻炼计划。找到最适合自己的选择，然后跟着我一起学习FITT原则。FITT原则将有助于我们更好地理解和运用指南中的建议，尤其有助于我们制订自己的心理健康锻炼计划。

一般来说，成年人的锻炼计划应该包括如下内容：

- 中等强度的有氧运动，如快步走或骑自行车，每周150分钟。
- 力量训练，如举重、俯卧撑或阻力带相关运动，每周至少两天，要锻炼到所有主要肌肉群。

或者：

- 高强度有氧运动，如跑步、慢跑或游泳，每周75分钟，同时保证每周至少两天的力量训练。

或者：

- 上面两个选项的组合。

为了达到更好的身心健康锻炼效果，在医生同意的情况下，你可以：

- 增加每周的运动量：300分钟中等强度的有氧运动，加上每周至少两天的力量训练；或150分钟高强度的有氧运动，加上每周至少两天的力量训练；或这两种选项的组合。

（关于儿童和老年人的锻炼建议，见附录A。）

　　这些建议都是以"周"为单位规定运动量的，而不是以"天"为单位，这意味着如果你一天（甚至两天或三天）没有锻炼也不代表你失败了。你仍然可以利用一周剩下的时间来完成你的心理健康锻炼目标。根据美国疾病预防和健康促进办公室的说法，成年人锻炼最重要的是要动起来。任何能够让我们动起来的事情都属于锻炼。锻炼时间包括与工作相关的锻炼时间，如爬楼梯或步行会议；与家庭生活相关的锻炼时间，如和孩子玩游戏或全家人一起游泳；与家务有关的锻炼时间，如打扫房间或打理花园；还有与社交有关的锻炼时间，如和朋友一起徒步。

　　FITT原则非常实用，可以帮助我们按照上述建议制订科学的心理健康锻炼计划。

FITT 原则

　　FITT原则是锻炼的基础，是对锻炼进行管理的"规则"，也是让锻炼计划发挥作用的关键。FITT四个字母分别代表频率（Frequency）、强度（Intensity）、时长（Time）和类型（Type）。上文中美国疾控中心的锻炼指南包含了FITT的每一个要素，理解这四个要素可以帮助我们打造属于自己的完美的心理健康锻炼计划，最后赢得成功。

让我们来具体了解一下FITT原则的各个要素：

频　率

一般来说，建议每周安排3~5天的有氧运动。当然，锻炼频率取决于你的健康水平以及心理健康需求和目标。

如果你刚开始一项心理健康锻炼计划，一周3天是一个很好的起点。但正如我在本书中多次说过的，锻炼当然要多多益善。不过一周锻炼两天也没关系，比什么都不做要强。你可能很快就会增加到每周3天，然后可能是4天或5天。许多人每周至少锻炼6天，休息一天；而有些人则每天锻炼，因为这让他们感觉更好。一切都取决于你自己的实际情况。

同时建议加入力量训练，每周2~3次，两次之间至少休息48小时，让肌肉恢复。但还是要提醒你那句老话：循序渐进。

强　度

简单地说：你的锻炼强度应该适度超越你的舒适区。我用"适度超越"是因为如果你一直待在舒适区，那么你可能无法充分发挥自己的力量，也就无法真正从锻炼中获得最大收益。

当然，"舒适区"完全是相对的。对一些刚开始锻炼的人来说，在私人车道走一圈就算适度超越舒适区了。无论如何，首要目标是让自己先动起来，做好准备之后，一点点增加强度，逐渐提升自己的力量和耐力，这样你才能获得越来越多心理健康方面的益处。

我们最好在自己的目标心率区锻炼。年龄不同，健康水平不

同，目标心率区会有所差异。自感劳累分级量表（RPE）是另一种
用来测量心率或锻炼强度的工具。锻炼时问自己："我现在感觉
如何？"然后根据自己的感觉从1～10划分等级。为了达到最佳身
心健康锻炼效果，有氧运动的强度应该处于自感劳累分级量表中
7～9级范围内。7级强度可能是"我可以一边锻炼一边说话，但是
这样做很不舒服"，而9级强度可能是"锻炼时我几乎说不了话"。
10级强度只能用于爆发力训练，就像在间歇训练中那样，但是会很
快让你精疲力竭，如果长时间处于这个强度，对身体是有害的。尤
其当你刚开始锻炼时，定期测量并确保你的锻炼强度保持在可控范
围，十分重要。

表6 自感劳累分级量表

10	非常非常剧烈的运动 完全喘不过气来 说不了话
9	非常剧烈的运动 上气不接下气 一次只能说一个词
7～8	剧烈的运动 气喘吁吁 一次能说一两句话
4～6	适度的运动 呼吸频率加快，但不沉重 可以正常说话
2～3	轻微运动 呼吸轻松 能轻松交谈
1	没有运动

力量训练的强度是指：（1）你举起的重量；（2）你做了多少组不同的训练；（3）每组训练重复的次数。同样，在心理健康锻炼方面的需求和目标不同，所需的训练强度不同。一般来说，刚开始每周通过多种类型的训练，每种训练做一两组，来锻炼所有主要肌肉群（如肱二头肌、肱三头肌、背部肌肉、胸部肌肉、腿部肌肉等），是比较理想的。你训练的组数、每组重复的次数以及你使用的重量，都会影响你锻炼的强度。如果你是力量训练的新手，不用着急，请教练或朋友教你正确的锻炼方式。一开始不要做得太多。然后根据需要逐步增加训练强度。

时　长

每周3次、每次30分钟中等强度的锻炼，就会对我们的心理健康产生益处。一周只需锻炼90分钟。最棒的是，你不必连续锻炼90分钟；三次10分钟的锻炼和一次30分钟的锻炼同样有效（沙玛等，2006）。

重要的是每周锻炼的总时长，而不是每天的锻炼时长。这几天你可能只锻炼了15分钟，而剩下几天你可能会锻炼1个小时。美国疾控中心的锻炼指南也是以周为单位来计算锻炼时长的，所以只要每周的总时长到了，你完全可以灵活安排锻炼时间。

如果你不希望锻炼带给你的益处只停留在心理健康层面，那么有必要同时进行有氧运动和无氧运动。做有氧运动时，建议强度大一点，使心率保持在高位至少20分钟（可通过自感劳累分级量表来监测自己的心率和锻炼强度）。每次连续20～50分钟有氧运动是比较理想的。锻炼之前先做5分钟的热身运动，锻炼之后再做5分钟以上的平复和拉伸运动。

研究表明，把有氧运动拆分成10分钟一组同样有效：跑步等高强度的有氧运动一天2次，快步走等中等强度的有氧运动一天3次（加伯等，2011）。有意思的是，另一项研究表明，即使是每周3次、每次10分钟的低强度有氧运动外加1分钟的高强度有氧运动，也能改善体重超重的成年人的整体健康状况（吉伦等，2014）。再强调一次，最重要的事情是动起来——哪怕一次只有几分钟。积少成多，同样可以改善身心健康状态。

无氧运动或力量训练（如举重）的时间取决于你要练的肌肉群。如果一次只练一到两个肌肉群，如腿部肌肉和背部肌肉，可能只需要15～20分钟；如果全身肌肉都要练则可能需要1个小时。建议你根据具体情况调整锻炼时间，找到最适合自己的节奏。

类　型

如果你现在还不清楚，我再说一遍：做任何你想做的锻炼。无论你喜欢什么，保持你的兴趣，只要能动起来，去做就好。最好每周有氧运动、无氧运动（或力量训练）和柔韧性训练这三种主要的锻炼类型都有涉及。锻炼类型的多样化很重要，不仅能使我们保持对锻炼的兴趣和动力，还能让我们的肌肉和大脑正常运转，最大限度地从锻炼中获得身心健康方面的益处。

有氧运动可以让我们心率加快，并持续一段时间，对心脏和大脑的健康至关重要。对新手来说，散步是一项很好的有氧运动。对关节没什么压力，你还可以按照自己的节奏去做。就连托马斯·杰斐逊也说过："散步是最好的锻炼，养成散远步的习惯吧。"

但有氧运动不只有散步，还包括游泳、慢跑、跑步、跳舞、健美操、水上健美操、尊巴、篮球、足球、网球、踏步走、徒步、骑自行车、划船、间歇训练等。如果普拉提和力量瑜伽做得足够久、强度足够大，也可以算作有氧运动。

无氧运动（或力量训练）可以增加肌肉围度和力量，同时缓解身体的紧张和压力，对我们的身体和心理都有益处（赛耶，2001）。力量训练通过外部负重、阻力带或自身体重来增强肌肉并增加骨质。力量训练包括俯卧撑、引体向上、椅子俯卧撑、深蹲、弓步、高抬腿、仰卧起坐、卷腹、核心肌旋转运动、阻力带练习或举重。做无氧运动时，所有主要肌肉群都要锻炼到，这一点非常重要。主要肌肉群包括肩部肌肉、手臂肌肉（肱二头肌和肱三头肌）、背部肌肉、腹部肌肉、臀部肌肉和腿部肌肉（大腿、股四头肌和小腿）。在两次锻炼之间，至少让肌肉休息48小时，以避免肌肉酸痛或受伤。

力量训练是通过次数和组数来计算运动强度的。次数是指你重复某个动作几次，如"10个肱二头肌弯举"就是10次；组数是指某个动作你分几次来做，如"3组10次弯举"意味着你一共要做30次弯举，分3组做，每组10个，做完1组可以休息一下。锻炼的组数取决于你的锻炼目标，但即便只做一组训练，只要动作到位，也能改善身心健康。想要增肌的人负重应更大，而且每组动作要重复8～10次；想要减脂的人，建议做一些轻量训练，每组12～15次。

力量训练不分男女。尽管力量训练通常更多与男性联系在一起，但实际上对女性更有益。它可以帮助女性增强核心肌肉和骨骼，预防骨质疏松，缓解身心压力和紧张，让女性保持苗条、健康的身材。所以，女士们，如果你们以前从未尝试过力量训练，现在可以认真考虑了。

柔韧性练习（或拉伸运动）通常是三种主要锻炼类型中最容易

被我们忽略的。我们要么没有时间，要么没有意识到柔韧性练习对我们身心健康的重要性。经常拉伸可以让我们拥有精瘦而灵活的肌肉，扩大我们关节的活动范围，让我们年老后不至因为身体笨拙而走出"企鹅步"。拉伸运动可以预防锻炼受伤，缓解慢性疼痛，让我们得到放松。像瑜伽、普拉提、舞蹈和轻度拉伸运动这类柔韧性练习，不仅有助于舒展所有肌肉群，预防锻炼受伤，还可以缓解焦虑和压力，提升思维清晰度，让我们更加平静和充满活力，从而提升我们的健康水平和幸福感。

建议大家每天都要做拉伸运动，或者至少一周做几次，锻炼后做拉伸运动效果最好。锻炼前，做一些轻度的有氧运动热热身。锻炼后，肌肉会发热，这时做做拉伸运动再好不过了。不要在肌肉还没活动开时就去拉伸，会导致受伤。此外建议：早上起床第一件事就先热身和拉伸；白天只要找到机会就舒展舒展筋骨；晚上一边追剧一边做拉伸运动；睡前做一些轻度的拉伸运动。

最后一种锻炼是平衡训练，如太极或瑜伽。平衡训练也是非常重要的锻炼内容，尤其当我们年纪变大的时候（哈佛大学卫生出版物，2015），因为平衡训练可以让我们的大脑和身体保持清醒和专注。每周都做一些平衡训练，我们的思维会更敏捷，生活会更平衡。

FITT 原则的运用

如同心理健康锻炼八要诀之间是彼此关联的，FITT 的各要素也是相互作用的，共同帮助我们制订一个有效的锻炼计划。FITT 原则不仅能指导我们制订锻炼计划，还为我们提供了各种不同的选择，其巧妙之处在于，我们可以利用这些选择为自己独特的心理健康锻炼目标制订最佳计划。

在运用 FITT 原则时，理解以下内容非常重要：

- **FITT 的各要素——频率、强度、时长和类型——相互影响。** 换句话说，锻炼类型会影响锻炼的强度、时长和频率；锻炼强度又会影响锻炼的时长、频率和类型，以此类推。同等条件下，在平坦的街道上散步，其强度肯定小于在陡峭的山路上散步。都是散步，但是锻炼的强度会根据情况的变化而变化。不管以哪种方式散步，都会有益于我们的心理健康，但在锻炼效果相同的情况下，在陡峭的山路上散步花的时间更少，而如果我们想在平坦的街道上散步效果更好，就要走得更远、更快。

- **每周锻炼的总量是很重要的。** 除了锻炼的频率、强度和类型之外，每周总的锻炼时间（包括有氧运动、力量训练、柔韧性练习和平衡训练）对身心健康锻炼的效果最为重要（美国疾病预防和健康促进办公室，2008）。

- **根据 FITT 原则，可以制订无数种周锻炼计划。** 开始锻炼时，你可以每周做三天有氧运动，每天分两次做，每次10分钟，然后做两天俯卧撑和仰卧起坐，每次10分钟；如果你希望更专注于力量训练，那就每周用三天来训练所有的肌肉群，然后再安排两天做少量的有氧运动；你也可以每周有三天既做有氧运动又做力量训练，另外两天做拉伸运动或瑜伽，等等。随你怎么组合。

- **做你喜欢的运动。** 这一点很重要，我反复强调过。在锻炼方面我们有很多选择，只有做自己喜欢的运动，我们才更有可能坚持下去，改善我们的心理健康。每周都要做一些有氧运动、力量训练和柔韧性练习。如果你不确定自己喜欢什么，那就逐个尝试。

- **开始的时候锻炼时间不需要很长，哪怕一次几分钟，然后循序渐进。** 按照自己的节奏先锻炼一周看看。站起来，减少久坐，

增加运动量。只要你循序渐进，逐步增加运动量，最终一定可
以做到每周大部分时间都坚持有规律的锻炼。

- **锻炼强度由低到高，逐步增加。**你不必一开始就跑三英里或举
  很重的东西。你也不应该这么干。自感劳累分级量表是一个很
  好的工具，它可以帮你确保自己不会锻炼过度。开始锻炼的时
  候，自感劳累度在4~6级最好；当你逐步适应之后，再慢慢把
  自感劳累度提升至7~8级。当你的身体适应一种锻炼之后，你
  会发现，你的自感劳累度也会随之变化，那些曾经让你的自感
  劳累度到9级的锻炼，现在感觉像6级。这就是这张表为何如此
  有用的原因——你可以根据自己主观感受随时调整。

思考一下：FITT原则

问问自己："FITT原则是如何帮助我建立一个可行且有效的
锻炼计划的？"

制订锻炼计划的其他重要因素

制订心理健康锻炼计划需要考虑FITT原则，但在开始之前，
还有几件关于锻炼的重要事项需要了解：

锻炼前热身和锻炼后放松

许多人忽略了锻炼的这个部分，但这对于健康的日常锻炼是必
不可少的。锻炼之前，先散会儿步、原地慢跑一下或做5分钟跳跃
运动，热热身，这样你的肌肉会更柔韧。锻炼之后，至少花5分钟

拉伸一下你锻炼过的所有肌肉群。拉伸运动对预防受伤和疼痛很重要，也是"均衡锻炼计划"的一部分。

买双舒适、合脚的鞋子

我过去教健美操时，鼓励大家每6个月换一双新的运动鞋。现在我的运动量比那时少一些，而且更多是日常运动，所以大概每年换一次运动鞋。合脚的运动鞋可以增加舒适度，防止受伤，而且鞋子的磨损速度比大多数人以为的要快，所以适时换新的运动鞋很有必要。周末或平时在家时也可以穿运动鞋。我的好朋友贝基说，她在家时能穿跑鞋就尽量穿跑鞋。"如果我穿着跑鞋，我更有可能在取快递或上下楼时跑起来，也就能得到更多锻炼。"她说。

根据天气选择锻炼要穿的衣服

穿着尽量让自己感到舒适。天气暖和时，不要穿太紧或太热的衣服。天气变凉时，多穿几件，这样热起来也可以随时脱下来。安全起见，清晨或晚上锻炼时，尽量穿明亮显眼的衣服。

听听音乐或广播

对很多人来说，音乐是他们前进的动力。听一听喜欢的乐曲，就能让你激情洋溢、整装待发。这样每次锻炼，你的身体就会想听这些乐曲——双赢。如果你不喜欢听音乐，也可以听听有声读物或广播。

冥想与沉思

不是每个人都喜欢一边听音乐一边锻炼。对有些人来说，锻炼是一个安静的、寻找精神联结和灵感的时刻。我的一些很棒的想法都是在散步或慢跑时产生的，所以当你需要安静下来好好思考时，锻炼也是个很好的选择。

不一定非要在健身房锻炼或请私教

很多人会选择在健身房锻炼或请私教，因为这样可以借助外部力量激励和推动自己。但这不代表每个人的选择或意愿，也绝对不是必需的。你也可以在家跟着DVD或YouTube上的视频锻炼，去户外锻炼，跟团队一起锻炼，或在任何适合自己并能让自己坚持下去的地方锻炼。

运用"多5%"法则

一旦FITT中的各要素全部发挥作用，你的身体就会适应锻炼计划，从而得到改善，这就是我们的目标。然而，如果想要身体持续改善，你必须不断对FITT的各要素进行调整。我们的肌肉和大脑会逐渐习惯之前的锻炼计划，这样锻炼的效果也会逐渐趋于平缓。"多5%"是我喜欢的一个经验法则，运用到FITT原则中就是，每次选择FITT四要素中的一个，在原基础上增加5%的量，这样随着时间的推移，我们的身心健康水平就会持续提升。你也可以加入一些新的锻炼类型，或不同类型的锻炼轮流做（如第一天慢跑，第二天负重训练，第三天瑜伽）。改变每周的锻炼类型，可以让你的大脑和身体对锻炼保持新鲜感和兴趣。你还可以增加锻炼的频率、总时长或强度。

坚持目前的锻炼计划

很多人多年来都在做着同样的锻炼，而且很有效。事实上，出于心理健康的目的，很多人已经把坚持同一个锻炼计划当作日常生活不可或缺的一部分。他们非常清楚，如果他们停止这个计划，锻炼给他们带来的心理健康方面的益处就会消失。

针对特定心理健康问题的 FITT 策略

不同的锻炼类型、时长、频率或强度适用于不同的精神疾病或心理挑战。我们可以而且应该根据自己的心理健康需求制订锻炼计划，了解以下内容将对你有所帮助。

抑郁症

- 更高强度、更长时间的锻炼对抑郁症的治疗更为有效。跑步和散步是抗抑郁最常见的锻炼方式，但研究表明，所有有氧运动和无氧运动都有利于缓解抑郁（利斯，2009）。
- 即使是每周 3 天、每次 20 分钟的快步走，也能从整体上改善我们的心理健康状态，缓解抑郁（克拉夫特和佩娜，2004）。
- 如果你最近压力越来越大，越来越喜怒无常或抑郁，对锻炼的感觉也没有以前那么好，那你有可能是锻炼过度了。这时缩短和调整锻炼时间有助于保持身心健康（奥尔德曼，2014）。

焦虑症

- 那些患有焦虑症的人应该避免高强度的锻炼，至少在刚开始锻炼的时候要避免。高强度的锻炼可能会引发某些人的焦虑症状（奥托和斯密特，2011）。

- 长时间坚持参加各种中轻度的有氧运动，可以显著降低一个人对焦虑的敏感度，所以坚持是关键（奥托和斯密特，2011；利斯，2009）。
- 瑜伽、普拉提、拉伸和举重等运动，都有助于缓解焦虑，让身体放松，减少肌肉紧张。

精神分裂症和人格障碍

- 慢跑最有利于精神分裂症和人格障碍的康复。一般来说，有氧运动对这个群体似乎最为有效，因为它能够增加他们的自我效能感和自我满足感（利斯，2012）。
- 研究表明，长期坚持锻炼对精神分裂症更加有效，因为这可以提高一个人的能量水平，增强体质，并有助于对抗肥胖，而肥胖可能是服用精神类药物的副作用之一。在一项研究中，完成3个月锻炼计划的精神分裂症患者，在健康水平、锻炼耐力和整体能量水平方面都有明显改善（福加尔蒂等，2004）。

双相情感障碍

- 锻炼对双相 I 型与双相 II 型障碍患者最为有益，因为锻炼可以增强自尊，改善健康，并提供有利于情绪提升的内啡肽和神经递质。
- 开始锻炼之前一定要和你的医生谈谈，如果你正在服用含锂盐类的药物，一定要多喝水。
- 不要把事情复杂化，把锻炼变成你每天"必须"做的事情的一部分即可。只要坚持不懈，即使每天绕着小区走一两圈，也能产生很明显的效果（克兰斯，2012）。

悲　伤

- 高强度的锻炼对那些悲伤的人特别有帮助。它可以让你重新找回心里的阳光，与他人保持交流，让你不再迷茫、忧郁、孤独，感受到自己的强大并相信一切都会好起来（麦蔻拉，2014）。

- 锻炼可以增加大脑的内啡肽和血清素，这也有助于悲伤的疗愈。

药物滥用

- 有氧运动、瑜伽和户外锻炼对克服药物滥用特别有效。有氧运动可以缓解压力，增强心脏功能，减轻体重，有助于有毒化学物质排出体外（雷科维里·兰奇，2015）。
- 瑜伽是一种可以让人平静下来的运动，户外锻炼也有助于平复情绪，并让人充满活力（雷科维里·兰奇，2015）。

饮食障碍

- 让医生或心理健康专家参与到饮食障碍的治疗计划中来是很重要的，因为他们可以指导你保持适度和健康的锻炼。
- 对患有饮食障碍的人来说，散步是最好的锻炼方式，因为它既能让人平静下来，又不容易让人运动过量。此外，瑜伽、普拉提、拉伸运动和低强度的有氧运动，都是应对潜在焦虑和建立健康的身心关联的不错选择（雷德计划，2015）。

制订心理健康锻炼计划

现在，我们已具备了制订心理健康锻炼计划所需的知识和技能。首先，回顾你在前6个要诀中完成的所有练习。然后，按照以下步骤完成下面的"我的心理健康锻炼计划"表。

- **确定心理健康目标。**重温你在要诀4中定下的心理健康目标，并根据目标确定你的锻炼类型、时长、强度和频率，把它们写下来。
- **确定锻炼目标。**重温你在要诀4中定下的锻炼目标，既包括身体健康方面的，也包括心理健康方面的。你是否想开始人生的第一次跑步，因为你相信它会让你情绪更稳定，思维更专注？你想通过举重来缓解身体的焦虑和紧张吗？或者你只是想每周做最少的运动就能达到心理健康目标？无论你的锻炼目标是什么，都要明确、具体且可以实现。

- **参考已经设定好的心理健康目标和锻炼目标，根据FITT原则制订个性化的心理健康锻炼计划。**例如，如果你的主要心理健康目标是克服离婚带来的痛苦，你的主要锻炼目标是开始游泳，那么你首先可能要设定一个目标，如每周游3次泳、每次20分钟，然后尽一切可能坚持下去。慢慢地到最后，你可能蛙泳、自由泳和蝶泳全学会了，并且每种泳姿都能多游10分钟。如果你的主要心理健康目标是让自己内心更平静、思维更清晰，那么你可以一周做3次瑜伽，散步2次。

- **根据FITT原则，写出具体的心理健康锻炼目标。**下面的句子包含了FITT的所有要素，可以帮你把目标定得更具体："我将每周做_____次（频率）_____（类型），强度在_____水平（低、中、高），时间为_____分钟（时长）。"

- **识别潜在的障碍并做好准备。**你预计会遇到哪些障碍？你将采取什么策略来克服这些障碍？运用要诀6中的方法识别可能会遇到的问题，然后写下你计划采用的应对策略。

- **培养坚毅的精神和动力。**锻炼既是一种生理活动，也是一种心理活动，所以我们要花大量精力来学习如何培养动力和改变思维。现在是运用这些技能的时候了。有时候，唯一能让我们行动起来的是我们脑子里的一个想法，它告诉我们："我能做到。"你打算通过什么样的想法或已知事实让自己坚持锻炼？重温要诀5中你的"已知事实清单"，当你缺乏动力时，看看那些对你的锻炼计划最有帮助的已知事实，你就能重新锻炼起来。

- **有时候，身体动起来思维才能跟着改变。**身体和思维是互相影响的。如果我们有锻炼的动力，我们就更容易活动我们的身体。

但有时候，我们必须先让身体动起来，我们的思维才能跟着改变。有时候，仅仅是换上跑鞋、站起来走到门口或做一做拉伸运动这样简单的动作就能让我们的大脑摆脱"做不到"这种错误思维。当你的思维被局限，你的身体会帮你重获自由。

- **设定最后期限，并找人督促你。**你什么时候会检查自己的进展——多久一次，和谁一起？为每个目标设定一个明确的截止日期，如果可能的话，找人督促你。你可以告诉伴侣你的目标，你也可以跟朋友或一起锻炼的人一起设定目标。

- **一旦达到目标，就应该奖励自己。**这一步很重要。你已经付出了努力，一旦达到了目标，就应该得到奖励。做一些对你有意义或自己喜欢的事情，或和朋友、家人一起庆祝一下。看看自己有哪些成就和收获，并让自己沉浸在这种喜悦中。

我的心理健康锻炼计划

日期：_____

1. 我的三人心理健康目标是：（比如缓解抑郁和焦虑，提升精力或思维清晰度，保持心态稳定，增加幸福感，等等）

_____

_____

_____

_____

2. 为了实现这些心理健康目标，我的锻炼计划是：（比如每天散步，一周做三次瑜伽，一周练两次举重，等等）

_____

_____

_____

_____

_____

3. 将上面的每个锻炼目标按如下句式写下来："我将每周做
_____次（频率）_____（类型），强度在_____水平（低、
中、高），时间为_____分钟（时长）。"

4. 我认为这些目标的潜在障碍包括：

_____

_____

_____

_____

5. 我将通过以下方式努力克服这些障碍：

_____

_____

_____

_____

6. 以下策略、已知事实和信念将帮助我坚持到底，实现目标：

_____

_____

_____

7. 我将在_____（截止日期）之前实现本计划的目标，_____（督促我的伙伴）将通过_____（督促的方式，如每周或每月打一次电话、发一次短信、聊一次天，等等）来督促我。

8. 一旦我达到这些目标，我会这样奖励自己：

_____

_____

_____

_____

9. 我将遵循此计划，不断进行评估，并根据情况做出必要的调整，以实现我的心理健康锻炼目标。

签名：_____

案例分享

如果你从这本书中没有学到任何东西，我希望你至少能明白：我们每个人都是独一无二的，每个人都有各自的需求、困难、目标和实现它们的途径。接下来我将分享一些成功实现心理健康锻炼目标的故事。在这些故事中，每一个心理健康锻炼计划都是不同的，这才是它们原本该有的样子。

"倾听你的身体"——林赛的故事

林赛第三次怀孕孕期过半就胎死腹中。在这场悲剧发生之前，她是一名瑜伽教练，喜欢练完瑜伽后平静、专注的感觉。但在这之后，林赛发现自己不再喜欢在锻炼时关注内心的想法了。朋友们建议她练跆拳道，这样就可以发泄她的悲伤，这的确有用。"在跆拳道班朋友们的支持下，我将悲痛化作力量，通过踢打发泄出去，"她说，"然而，跆拳道对我来说只是一种消除悲伤的机械运动，我也因此失去了曾经拥有和渴望的身心关联。"

后来，林赛再次怀孕。但是，通过锻炼重新发现身心关联的道路漫长而曲折。她开始找私教练习举重，并且慢慢喜欢上这种缓慢、从容的运动，这样的锻炼方式让她想起了瑜伽，也让她重塑了身心关联。一开始她只能举起很轻的哑铃，后来能举起的哑铃越来越重，一切都进展顺利，直到她的教练开始给她安排更多的有氧运动。"我讨厌有氧运动，"林赛说，"我尝试过各种各样的有氧运动，但是我做得越多，我的大脑就越会尖叫着让我停下来！我只想举重。"林赛说，当她增加有氧运动量时，身体会感到不适，让她差点想放弃锻炼。

幸运的是，她和她的教练一起找到了满足她特殊需求的解决方案：花更多时间在举重上，并开始在小区里一边听音乐一边玩轮滑。林赛说："虽然只有15～20分钟，但我喜欢这样一边做着有氧运动，一边看看朋友和大自然的感觉。"林赛的心理健康锻炼计划还涉及营养方面。"几年前，我被诊断患有乳糜泻[①]，"林赛说，"这让我开始注重营养，并给我带来了巨大的变化。"当她注重营养和锻炼时，她再次感受到了身心关联。"如果你注意倾听，你的身体会告诉你它需要什么，"林赛说，"在我生命的不同阶段，我的身体需要不同类型的锻炼，只要我用心倾听自己的身体，所有问题都可以迎刃而解。"

"循序渐进"——特里的故事

特里第一次尝试锻炼时，已经与严重的创伤后应激障碍抗争了几个月。在此之前，特里的运动量本来就不大，但自从他被诊断患有创伤后应激障碍后，即使心率只加快一点点都会让他陷入无法自控的恐慌。去健身房这件事已经不能用"问题"来形容了——在众目睽睽之下面对锻炼的恐惧，这太可怕了。但特里知道，如果想重新掌控自己的生活，他需要锻炼并增强力量。

所以他开始在家做力量训练和自由体操。起初，他每周只做 3 天，训练肱二头肌、肱三头肌和背部肌肉的动作，每组只能做 10 次。在几个月的时间里，他逐渐做到了每周锻炼 3～5 天，每次做 12 个不同的动作，每个动作做 3 组，每组 10 次。随着体力的增强，他感觉情绪越来越稳定，也能够出门散步了。这对他来说非常有挑战性，但他并不着

---

① 一种食物过敏。——译者注

急，先在小区四处逛逛，感到恐慌就停下来。然后，他逐渐增加散步的距离和速度。最后，他能够每周3次快步走，每次走几英里，外加每周3次举重，每次45分钟。

"追求进步，而非完美"——巴尔布的故事

巴尔布是我的一个密友，她在20多岁时被诊断患有严重的心脏病。体重超标、身体状况欠佳让她很沮丧。自从巴尔布知道自己再也不能有孩子后，她就非常悲伤。巴尔布不喜欢锻炼，尤其讨厌跑步，但是她知道，如果她不做一些事情来改善她的健康，她可能真的会死，这给了她锻炼的动力。

巴尔布开始每周散步3次，每次20分钟。"很痛苦。"她说。心脏病让她呼吸困难，任何身体活动似乎只会让情况变得更糟。"但我坚持下去了。尽管再也无法生育让我悲痛欲绝，尽管我常常感到呼吸困难，但我知道锻炼是唯一能够让我活得更久并让我可以养大孩子的方法。我告诉自己：'动起来，这样你今天就会感觉更快乐，更能享受和孩子在一起的时光。'"

她做到了。巴尔布在她的冰箱上贴了一句格言——"追求进步，而非完美。"大部分时间，她会试着步行更远的距离，即使她并不喜欢。后来她试着慢跑，并惊讶地发现，尽管仍然呼吸困难，但跑完后感觉会更好。心脏功能的增强让她的悲伤慢慢被化解了。

如今，巴尔布是一个狂热的跑者。她甚至开始练习游泳，为铁人三项比赛进行训练。她的心脏非常健康，心病也被医好了。"以前，我的思想比身体先放弃。过去，我常常想'我做不到'，我就真的认为自己做不到。现在，我的亲身经验告诉我这不是真的。随着时间的推移，通过一点一点的进步，我的身体能做的远远超过我的想象。"她的身体状态正处于生命中最好的时候，她的心脏现在非常好，她的自信达到了顶点，即使当悲伤或心痛再次来袭，巴尔布也相信自己能挺过去，她也的确做到了。

终身锻炼

总而言之，无论你要做什么，无论你打算什么时候做，那都是你的起点。然后逐渐调整锻炼类型，增加锻炼时长、强度或频率，不知不觉，你就进步了。

本杰明·富兰克林曾说过："能量加毅力可以征服一切。"永不言弃。只要你有决心，总会找到出路。这就是要诀 8 的内容——带你致力于终身心理健康锻炼。

反思问题：制订计划

1. 回顾你的"心理健康锻炼计划"。它有遗漏什么吗？这些目标可以实现吗？具体吗？你还需要添加或更改某些内容吗？你认为这个计划有用吗？为什么？

_____

_____

_____

_____

_____

2. 在制订有效的锻炼计划方面，你最大的优势是什么？你如何才能最大限度地利用这些优势？

_____

_____

_____

_____

_____

3. 你最大的不足是什么？怎样才能最有效地克服这些不足？

_____

_____

_____

_____

_____

要诀 8：成就梦想

坚持不懈的努力，而非力量或智慧，才是发掘我们潜能的关键。

——温斯顿·丘吉尔

终于到了心理健康锻炼的最后一个要诀，在这里我们将学习如何执行计划，坚持到底，并最终养成终身心理健康锻炼的习惯。

诵讨前文的学习，我们已经了解了锻炼对心理健康的诸多益处，学会了如何挑战和克服心理和生理上的障碍，改变了影响我们锻炼行为的认知和看法，掌握了如何运用 FITT 原则制订终身锻炼计划的技能。

现在，让我们一起展望未来，来到"改变的跨理论模型"的第四和第五阶段——行动阶段和巩固阶段。采取行动执行锻炼计划之后，你还得将锻炼坚持下去。如果你还没有对你的心理健康锻炼计划采取行动，那就现在开始吧。但是如何长期坚持心理健康锻炼呢？这是我们许多人面临的最大问题之一。

执着的力量

执着是我们坚持锻炼必不可少的力量，即使我们不喜欢锻炼，即使我们的心理健康状况欠佳，即使生活的挑战层出不穷。在锻炼过程中，许多人都缺乏执着精神。我们可能一开始很勤奋，甚至可以坚持几个月或几年，但是一旦生活压力开始变大，我们就会认输。

要想通过锻炼改善心理健康，执着是非常重要的一个品质，而且它也会让我们生活的其他方面受益。执着意味着坚持到底、不屈不挠、勤奋刻苦。即使毫无动力，仍然执着地为了身心健康坚持锻炼。最棒的是，即使一开始你不觉得自己是一个非常专注的锻炼者，最终你也能变成一个专注的锻炼者。执着是一种技能，只要你刻意练习，就像任何其他品质一样，是可以学习和培养的。

培养执着精神

说到培养执着精神，这本书的前七个要诀已经做了很好的铺垫。了解锻炼对身心健康的益处，会激发你对它们的渴望，从而有助于你开始和坚持锻炼（要诀1）。当你努力通过锻炼实现自我价值的时候，你的自信也会得到增强，这可以帮助你坚持下去（要诀2）。家人同样是你坚持的动力（要诀3）。通过相应的策略增强自己的动力，设定可实现的目标，改变不健康的想法和信念，从而在改变螺旋中不断前进，这些都是长久坚持的重要法宝（要诀4~5）。学习预防和克服障碍的方法，运用FITT原则制订一个适合自己且有效的锻炼计划，也都是培养心理健康锻炼所需的执着精神的重要环节（要诀6~7）。

如果你已经学完了前七个要诀，并且已经开始执行你的心理健康锻炼计划，但是发现自己仍然卡在某个环节，那么你需要做的是重新回顾前面的七个要诀。执着的一个核心要素是解决出现的问题，并学会将它们视为转变过程的一部分。记住，只要你还身处改变的螺旋中，你就是在进步。只要你还在为了目标不懈努力，一时的得失进退并不重要。唯一的"失败"就是放弃。这时，你可能需要回到"意向阶段"，重新审视你的动机、核心信念或那些你认为对你有用的策略。你可能需要重新设定目标，重新研究自我价值金字塔以建立自信，再次做好准备。你可能需要根据全新的心理健康锻炼计划去行动。根据自己的需要灵活运用本书的要诀。坚持身心健康锻炼没有一劳永逸的方法。永远不要害怕按照自己的方式去尝试，永远不要害怕重新开始。重新开始是坚持终身锻炼的基础。

除这七个要诀之外，还有一些其他的方法可供参考。我发现在培养执着精神方面有三个特别有用的方法：（1）创造心理健康锻炼梦想；（2）让锻炼成为习惯；（3）学习和练习幸福的技能。这些方法可以帮助你过上梦寐以求的生活——让你在锻炼中变得更加自信和勤奋，使你的思想、身体和精神不仅更健康，而且永无止境地蓬勃发展。

创造心理健康锻炼梦想

嘴上说"我会长期坚持锻炼"或"我可以做任何事情，我的未来有无限可能"是一回事，而真正看见、追求并最终获得这种潜力则是另一回事。创造心理健康锻炼的梦想是我们的起点。

> **思考一下：你的梦想**
>
> 1. 当你展望未来，你看见了什么？短期内，你是否会为心理健康而锻炼？你是否会变得更自信、更健康、更幸福？
> 2. 长期来看，当你老了，你是否仍然健康而充满活力？你能否在克服了自己的心理健康问题、实现了自己的心理健康梦想后给他人力量，让整个家庭也健康而充满活力？
> 3. 你能成为一直渴望成为的人吗？
> 4. 你知道那个人是谁吗？

创造一个健康、幸福的梦想是实现目标的第一步，也是了解自己的目标，并认识自身心理健康锻炼潜力的第一步。具体方法如下：

- **做白日梦，催眠自己。**想象你对情绪、心理、身体、社交和精神健康的所有渴望。想象你的身体会是什么感受或会变成什么样。想象你的情绪、精力、自我价值和心理健康处于什么状态。想象你的家人、工作和未来最好的样子，并在脑海中清晰地勾勒出来，像电影一样。到了晚上，当你昏昏欲睡的时候，你就不会想着第二天要做的杂事，而是美梦。想象你最佳的心理健康锻炼状态，看看它对你的工作和家庭产生怎样的积极影响，看看它将如何影响和帮助你实现未来的目标、愿望和梦想。无论你是睡是醒，都让它清晰地印在你的脑海里。
- **把你看见的写下来。**这是你的心理健康锻炼梦想，是你的动力和指引。在你想象自己的未来时，动笔把它们写下来，越详细越好。在你为心理健康锻炼计划和目标努力时，不断地给它添砖加瓦或进行调整。不要害怕为此付出行动。这是你自己的梦想，尽可能去实现它！

- **问问自己**："我需要做些什么才能实现这个梦想？" 一旦你对自己的未来有了清晰的想象，你就需要回到现实，并问问自己，要怎样才能达到目标。回答这个问题时一定要诚实。如果你想实现心中的愿望，你可能会发现，你需要调整你的生活方式，你需要改变你的家庭价值观或阻碍你实现梦想的潜在信念。无论你需要做什么，记录下来。列一个清单，写出为了实现梦想你需要做的事情，越详细越好。

- **对照清单，认真执行。** 当你亲眼看到自己未来的潜力时，你可能更希望某一天亲眼见证它的实现。你希望实现在梦想中看见的潜力吗？你想过那种相信自己可以做任何自己想做的事情的生活吗？如果想，今天就开始行动。给自己多一些耐心。改变的螺旋规律告诉我们，没有充分的准备，不可能完全投入。善待自己，先迈出一小步。你可以先下定决心完成清单上的所有事项。当你准备好了，选出其中一个，运用要诀 4 中学到的技巧设定具体的、可实现的目标，认真去执行。此外，尽力去寻求和接受你需要的帮助和支持，不要一个人战斗。

- **设定切合实际的目标，以达到理想的结果。** 运用要诀 4 中的目标设定策略在表格中写下你要做的事。今天设定一两个有助于你实现明天的目标的小目标。这些目标可以是每天例行的内容，也可以是全新的。不管怎样，记住，要把你的目标切分成小的、可行的步骤。不要设定类似"变得更健康"这样大而空的目标，要设定具体的目标，比如"我会通过增加蔬菜的摄入来改善我的营养状况，我会每周增加 30 分钟有氧运动以增加运动量"。目标要积极，不要说你不会做什么，而要说你会做什么。给自己设定一个可行的截止日期，并找人监督自己。

- **行动起来。** 今天就开始行动。一旦完成了清单上某个任务，就开始下一个，直到你实现心理健康锻炼的梦想。

马上行动：创造你的心理健康锻炼梦想

根据以上步骤，创造你的终身心理健康锻炼梦想，把它记在你的日记本、笔记本或电子设备上。

反思问题：带着梦想生活

1. 对未来生活怀抱梦想是什么感觉？你是比较容易就能想象出自己的未来，还是需要一些努力？为什么？

_____

_____

_____

_____

2. 你是如何对梦想保持专注，以帮助自己坚持心理健康锻炼的？

_____

_____

_____

_____

3. 什么会阻碍你实现自己的梦想？你打算如何迎接并克服任何可能出现的挑战？

_____

_____

_____

_____

让锻炼成为习惯

"让锻炼成为习惯"这句话说起来容易做起来难。然而它值得我们为之努力，因为一旦把一个行为变成一种习惯，你就会获得一些相当神奇的力量。养成一个新习惯，实际上会以有益和积极的方式改变我们的大脑，时间越长效果越明显。锻炼就是一个完美的例子。研究表明，那些能够养成锻炼习惯的人，更有可能终身坚持锻炼，并因此获得更多的心理健康益处。

事实上，锻炼的习惯一旦养成，我们就会自觉去做，这给了我们更大的心理能量和思维清晰度。神经科学家发现，大脑中形成习惯的部分位于基底神经节，基底神经节是大脑中参与情感、记忆的创造和图像识别的区域。另一方面，决定（比如是否锻炼的决定）是在前额叶皮层做出的，这是大脑的思考区域之一，同时负责计划、洞察、判断和执行功能。当一个决定成为一种习惯时，前额叶皮层基本处于休眠状态，这意味着随着我们习惯的养成，大脑的工作量越来越少。这有一个很大的益处，因为出于习惯的行动可以帮助我们节省心理能量，让我们的大脑对其他更重要的事情保持清醒。

《习惯的力量》一书的作者查尔斯·都希格称之为"习惯回路"，他说这个过程由三个部分组成。理解这一过程可以帮助我们养成健康的习惯，包括心理健康锻炼习惯。正如都希格所说："定期锻炼、减肥、培养优秀的孩子、变得更有效率、创建革命性的公司、开展社会运动以及取得成功的关键都在于理解习惯是如何养成的。"

习惯回路的三个组成部分

那么，习惯是如何运作的？根据都希格的观点，习惯回路由三个部分组成 —— 触机（cue）、惯常行为（routine）和奖励（reward）。

"触机"是指某个让你的大脑切换到"自动行为模式"的刺激；"惯常行为"就是行为本身，这可以是身体、精神或情感方面的，我们的"惯常行为"会催生各种健康或不健康的习惯，比如锻炼与否；"奖励"是对习惯回路的强化，当我们获得大脑喜欢的某种奖励时，我们更有可能记住这个回路，以备将来之用。奖励可能是外在的，比如教练的表扬，或锻炼后用来犒赏自己的美食；也可能是内在的，比如锻炼之后那种精力充沛、放松或快乐的感觉。不管哪一种奖励，在帮助我们养成习惯方面都是非常重要的。

很有可能，你已经养成了一套自己的锻炼习惯。你可能有一些积极的习惯，比如起床后就穿上慢跑服和鞋子出门。在这种情况下，"触机"就是"起床"，"惯常行为"就是穿好衣服出去慢跑，潜在的"奖励"可能是内在的，比如"就算感觉很累，我也要出去慢跑，因为它会唤醒我，让我的大脑充满能量，一整天都充满活力。"你也可能有一些不那么积极的习惯，比如早上一醒来（触机）就想着：我应该起床去锻炼。然后继续赖在床上，不断纠结，最后对自己说："我真的没有时间，而且我太累了"（惯常行为）。而这个习惯回路的"奖励"可能是：去咖啡店买一份加浓咖啡和巧克力松饼。

反思问题：你的锻炼习惯回路

你的锻炼习惯回路是什么？回答这个问题的一个很好的方式是，你可以把一天分成几个时段，然后分时段考虑是否锻炼。早上，你的锻炼习惯回路是什么？午餐时间或工作时间呢？下班后或晚上呢？试着找到你的锻炼习惯回路的触机、惯常行为和奖励，然后把它们写在下列画线处、你的日记本或电子设备里。

_____

_____

_____

_____

改变和创建习惯回路

你有什么健康的锻炼习惯回路吗？你有什么不健康的锻炼习惯回路吗？不管怎样，对大多数人来说，最紧迫的问题是 —— 如何改变不那么健康的习惯回路，创建更健康的习惯回路？

基于习惯回路的三个组成部分，都希格设计了一个框架。要想改变一个习惯，我们首先得了解它。例如，假设我们的习惯回路就是上文提到的：早上起床不锻炼，而是用咖啡和糖来给自己提神。是不是听起来很熟悉？对大多数美国人来说，这是个十分常见的习惯回路。

第一步：找出"惯常行为"。在大多数情况下，很容易找到"惯常行为"，因为这正是你想要改变的行为。在上面的例子中，我们想把不锻炼的习惯改掉，养成锻炼的习惯。你不锻炼的时候习惯做什么？这就是你的"惯常行为"。在上面的例子中，躺在床上纠结要不要锻炼，最后用咖啡和松饼代替锻炼来提神就是我们的"惯常行为"。现在，我们需要进一步分析。这个"惯常行为"的"触机"是什么？是疲劳？懒惰？饥饿？对糖或咖啡因的渴望？在这个例子中的"奖励"又是什么？是多睡一会儿？不需要锻炼？咖啡和松饼中的咖啡因和糖？在咖啡店遇见喜欢的人？还是以上所有？

第二步：对奖励的效果进行测试。为了弄清楚到底是哪一个潜在奖励强化了我们的行为，我们需要分别对它们的效果进行测试。这可能需要一些时间，所以要有耐心，允许自己在测试阶段暂时不做出实质性的改变。这样做的目的是试着理解自己的行为逻辑，所以要一直做下去，但是每个潜在奖励要分开进行测试。某一天，你可以在平时用来纠结锻炼还是喝咖啡的时间睡个懒觉，起来后在家里喝杯咖啡。另一天，醒来后立马起床，然后在咖啡馆和几个朋友吃一顿不含咖啡因或糖的健康早餐，大家一起聊聊天。当你做完这些测试，你会发现哪种奖励真正强化了你的行为：是逃避锻炼、睡懒觉、社交互动、饥饿，还是咖啡因。

都希格还提出了一个很实用的建议：在你测试完每一个潜在奖励后，写下最先出现在脑海中的三样东西，可以是想法、感觉，或者只是脑海中出现的前三个词。然后，在你的手机、电脑或手表上设一个 15～30 分钟的闹钟。到时间之后，问问自己对奖励是否仍然有跟之前一样的感觉？有时候，提醒自己专注于自己的想法，可以帮助你更多地关注并更好地理解那些促使你做出某种行为的想法和感觉。最好立即记下你的体验，这可以帮你以后准确回忆当时的感受。过一段时间再回顾一下，看看这些想法和感受是否持久。这也是测试某个奖励是否起作用的好方法（都希格，2012）。如果你睡完懒觉或用完一顿健康的早餐30分钟后，仍然渴望咖啡因，这个线索可以帮你确定哪种奖励真正推动了你的习惯回路。

第三步： **找到"触机"。** "触机"可能很难找到，因为它通常和很多其他信息混杂在一起。例如，你每天在同一时间吃零食是因为饿了？累了？还是想活动一下僵硬的身体？抑或是三者都有？行为背后的触机数不胜数，想要破解到底是什么触发了我们的习惯回路，需要一点技巧。为了做到这一点，都希格建议，提前对潜在行为进行分类，然后利用它们发现规律。他指出，几乎所有的习惯触机都归属于这五类中的一类：地点、时间、情绪状态、其他人和之前紧挨着的动作。在上述去咖啡店而不去锻炼的例子中，当你刚醒来时，试着回答下列问题：

1.你在哪里？（回答：在床上）

2.几点了？（回答：早上6:30）

3.你的情绪状态如何？（回答：疲倦、缺乏动力、压力大）

4.周围还有谁？（回答：没别人）

5.在你产生放弃锻炼去咖啡店的冲动之前，你做了什么？
　（回答：醒来，看着钟，想象我的一天，感觉很累）

连续做几天这样的记录，你就可以清楚地看到是什么触机诱发了你的习惯。如果某个因素持续出现，那么很有可能它就是罪魁祸首。举例来说，如果在接下来的两天里，你还是在同一时间醒来，但醒来时心情愉悦，你仍然保持去咖啡店而不是去锻炼的习惯，那么时间很可能就是这个触机，这时你可能应该尝试在一天结束的时候锻炼。如果你每天都充满压力、疲惫不堪，那么触机可能就不是时间，这同时也解释了为什么你宁愿喝咖啡提神，也不采用锻炼这种效果更持久、更强大的方式。

制订改变习惯的计划

如果你的习惯回路的奖励、触机和惯常行为已经固定下来了，那么是时候开始改变了。通过设计诱发行为的触机，然后选择那些能给予我们渴求的奖励的行为，这样我们就能改变习惯了。前文我们已经探讨了习惯如何将大脑曾经不得不思考的行为转变为自动反应。换句话说，习惯是我们大脑自动遵循的行为模式。"当我遇到某个触机，我会做出惯常行为来获得奖励"（都希格，2012）。如果我们想改变这个模式，我们必须开始做出更健康的选择，制订计划就是其中之一。

运用要诀4中的目标设定策略以及要诀7中的心理健康锻炼计划表来制订养成锻炼习惯的计划。再次强调，计划一定要具体，并包括上面讨论的地点、时间、情绪状态、其他人以及之前紧挨着的动作等要素。例如，如果精力不足是你的主要问题，那么你的计划可能是"我会睡懒觉，并在家吃一顿健康的早餐，这样上午就能精力充沛。然后，我会在午休时间散15分钟步，为自己补充能量。下午我会吃一些富含蛋白质的点心，回家后再散步15分钟"。这是一个补充精力的可靠计划，让自己多睡一会儿，戒掉会消耗能量的咖啡。长远来看，这个计划最终会让你思维更清晰、工作更高效、精力更充沛。

刚开始锻炼时，我还远未养成锻炼的习惯。我习惯了不锻炼，最多一个月锻炼几次，还会因为"太忙""太累"或"无聊"而没有坚持下去。之后为了修学分，我第一次报了有氧运动课。为了取得好成绩，我必须去上课，这迫使我开始每周锻炼三次。起初，在课堂上，我感到压力很大，因为我只能做一个"男式俯卧撑"，而且很难跟上大家的节奏。但是有规律的上课时间以及想保持稳定的平均成绩的意愿（触机）让我坚持下来了。起初，成绩是我渴望的奖励。但随着时间的推移，我希望这门课取得好成绩的渴望让我坚持了下来；到学期结束时，我已经喜欢上了有氧运动，并且可以连续做11个标准俯卧撑。更重要的是，我亲身体验了锻炼是如何让我在精神和身体两方面都感觉强大和美好的。

我把这个锻炼的习惯保持了下去，在课程结束后制订了一个新计划——每周锻炼5天，散步、有氧运动、轻量举重轮着做。这项计划的"触机"是和朋友们一起锻炼的时间，"奖励"是锻炼后压力得到释放、思维更清晰、精力更充沛。上大学的时候我都是晚上锻炼，因为我做不到起很早在上课之前做完锻炼。这些年来我制订了新计划，最终养成了早起锻炼的新习惯。这个习惯我已经保持了20年。

如果你能养成心理健康锻炼的习惯，你很有可能终身坚持锻炼。运用上面的步骤养成锻炼的习惯，并随着生活的变化，不断培养新的习惯，这可能需要时间。在制订养成锻炼习惯计划的过程中，保持这种螺旋式的变化，尽可能多地回到计划中，直到你每天都习惯性地问自己："我今天有没有锻炼？"

学习和练习幸福的技能

幸福意味着充分发挥我们的潜能。它让我们的生活有意义、有追求并充满快乐，它让我们乐于奉献爱也敢于享受爱。让我们"感觉更好""停止服药""看起来不错"或"体重减轻"，这些都是我们锻炼的理由，但不是全部。锻炼的益处还包括治疗心理疾病、改善心理健康、提升幸福感。

我们每个人都可以追求幸福。我们可以将快乐、爱、健康这些美好的东西融入生活，而不是被动地等待它们的到来。锻炼则是追求幸福最好的方法之一。

幸福的要素

要过上幸福的生活，我们首先要了解幸福是什么。积极心理学之父马丁·塞利格曼博士认为幸福由5个要素构成，这5个要素可以缩写为PERMA，P、E、R、M、A 5个字母分别指的是积极情绪（Positive Emotions）、融入（Engagement）、积极的关系（positive Relationships）、意义（Meaning）和成就（Accomplishment）（塞利格曼，2012）。这5种要素交织在一起，让我们的生活"好上加好"——它们共同创造了一种幸福的生活。

积极情绪

锻炼对情绪、精神疾病和心理健康的影响毋庸置疑。锻炼是产生和保持更多积极情绪的关键，反过来，积极情绪也让我们更有可能去锻炼。如果我们想感受更多的快乐、爱、和平、满足乃至幸福，那么我们必须积极地去追求这些东西。

以下是一些具体的建议：

- **关注与锻炼相关的积极情绪**。寻求美好的感觉，并享受它们。不断提醒自己从锻炼中获得的积极体验和益处。

- **锻炼时做感恩练习。**在锻炼的时候细数自己拥有的祝福和天赋。徒步时发现大自然的美丽就做一个感恩的祈祷，做完拉伸运动后挑一件今天让你感恩的事进行感恩。它不仅会给你的日常锻炼带来惊喜和快乐，还会给的每一天、每一月、每一年带来更深层次的感受。

马上行动：积极情绪

1. 锻炼前，先花点时间关注自己的情绪状态。锻炼前你有什么样的积极情绪？（即使你觉得自己情绪消极，但只要认真去找，几乎总能找到至少一种积极情绪，比如在健身房见到朋友很"兴奋"，或者"满怀希望"地认为，只要去散步，就会感觉不那么沮丧）。把它们写在你的日记本或笔记本上。

2. 锻炼后，也花点时间关注自己的情绪状态。锻炼后你有什么样的积极情绪？尽量把锻炼后的积极情绪找出来，然后把它们写下来（包括满意、精力充沛、心情更好、思维更清晰，等等）。即使只有一种积极情绪，也要记下来。随着你锻炼越来越多，你可能会感觉并发现更多的积极情绪。

融 入

以有用和有价值的方式融入生活，比如提供服务、分享才能、充满激情地生活，这也与心理健康锻炼紧密相关。简而言之，锻炼时，我们的生活将更加充实。锻炼是对自己身心健康负责的表现，也让我们的身体变得更强壮，头脑变得更放松、更清醒、更开放、更有活力。锻炼时，我们会感到更自信，自我价值感更强。这让我们能够更有勇气、信心以及更加充满爱意地融入生活，追寻并实现我们的梦想和激情，最终成就人生。以下是一些帮助我们融入生活的小贴士：

- **通过锻炼，让你更擅长做自己喜欢的事情。**锻炼可以让你头脑更清醒，精力更旺盛，更有创造力——这将使你更专注于生活和自己的追求。当你在做一个很重要的项目或进行创造性活动时，可以适时停下来，锻炼放松一下。这可以让你的头脑更清醒，思维更活跃，让你的身体重新充满活力。还记得要诀1中的那个研究数据吗？散步时头脑风暴的创造力比坐在办公桌前头脑风暴的创造力高60%。

- **锻炼时专注当下，"活在当下"。**专注眼前的事物是充分融入生活的重要一环。锻炼时专注当下，打开你所有的感官，去感受你周围的世界。练习瑜伽时，通过保持身体的静止或减缓大脑的活动来放松自己。锻炼时，关注自己的每一次呼吸、每一个拉伸，一次做好一个动作。反过来，这也会帮助你在日常活动中更多地了解自己，提升你融入并体验生活的能力。

反思问题：融入

1. 你觉得自己积极融入生活中了吗？你是否在积极寻求改善，并朝着有价值的目标努力工作？你注意到那些让生活变得美好的时刻了吗？你是否正努力"活在当下"，或者这对你来说很难做到？为什么？

---

2. 你是如何通过锻炼来更多地关注到生活的积极面的？你能通过锻炼来理清思路，让自己注意力更集中吗？你能在锻炼时专注当下吗？了解锻炼对心理健康的益处后，你会更关注生活中的美好事物，比如家庭、信仰和朋友吗？为什么？

积极的关系

为了幸福，我们都需要积极的关系。这包括与我们的伴侣、孩子、父母、兄弟姐妹、祖父母、叔姨、朋友、同事、熟人等的关系。我们需要爱与被爱——这不仅是为了幸福，也是为了身心健康。

锻炼时，我们会自我感觉更好、更快乐。这有助于我们以更加积极、充满爱的方式与家人朋友互动，建立更牢固的关系。此外，与朋友、伴侣、孩子一起锻炼可以让我们分享宝贵的时光、共同的兴趣，相互鼓励和支持，从而建立起积极的关系。

其他通过锻炼促进关系的方法：

- **通过锻炼增加社交联系和互动。** 无论是邀请朋友和你一起锻炼，还是上健身课，或只是和负责监督你的朋友谈论你的锻炼计划，锻炼和社交关系都是相辅相成的。你和别人一起锻炼得越多，你们的关系就会越紧密；反过来，你们的联系越多，你们的关系就会越好，这又会促进你们更多地一起锻炼。

- **运用锻炼中获得的自我价值和自信来改善人际关系。** 随着自我价值的提高——通过运用自我价值金字塔和坚持锻炼目标和计划——你会更加自信、更充满爱地走进亲密关系。还记得自爱的其中两大要素——接受爱和爱别人吗？大胆去做吧，在你的生活和关系中寻找爱。然后，敞开心扉接受爱，接受赞美。面对善意时说声"谢谢"，也拥抱别人，传递你的爱意。在你努力关爱他人的同时，大方接受来自他人的爱，你的人际关系会越来越好。

反思问题：积极的关系

1. 你目前的关系有多积极？用1～5对你每段重要关系进行评分。（1分表示十分消极，5分表示十分积极）

_____

_____

_____

_____

2. 哪些关系是需要改善的？选择一两段你认为需要改善的关系，写在下面。

_____

_____

_____

_____

3. 你能做些什么来改善这段关系？你怎样才能更充分地去爱与被爱，并运用锻炼、更好的心理健康和自我价值来建立更

积极的关系呢?

_____

_____

_____

_____

4. 运用要诀 4 中的目标设定策略制定一个 "积极的关系" 的目标，写在下面，然后去执行。

_____

_____

_____

_____

_____

意 义

有意义和目标的生活才是幸福的生活。锻炼可以帮助我们找到意义；在生活中发现更多的意义和目标可以帮助我们坚持锻炼。锻炼可以加强我们与自己的精神联系，提高自我价值感和思维能力，从而让我们感受到生活中更多的意义。事实上，有规律的锻炼可以让我们反思生命的意义，也可以让我们在锻炼后静下来思考我们的目标。锻炼可以增强我们的人生动力，让我们更加渴望从生活中寻求更多的意义。锻炼可以帮助我们塑造出一个全新的身体和心灵，让我们从现有的生活中感受到更多的意义。

反之，那些我们最在乎的事可以并且将会影响我们的锻炼和心理健康。例如，如果奉献和服务让我们的生活变得更有意义，那么我们就可以邀请他人参与我们的锻炼计划，或者以更主动的方式为他们服务（比如为一位年长的邻居整理庭院）。真正的意义和目的，几乎总是需要我们关爱他人，为他人付出。

你可以通过尝试以下方法来增强你的意义感和目的感。

- **锻炼时，静下心来，感受周围世界的美。**锻炼时，尤其户外锻炼时，用心感受所有的风景、气味、声音和感觉。它们可以让你静下心来，用自身的美提醒你生命的更大意义和目标。努力发现这个目标并实现它。
- **思考"意义和目标"对你来说意味着什么，并在生活中多加关注。**如果对你来说家庭是最重要的，那就创造更多机会，全家一起锻炼，共度美好时光。如果对你来说信仰是最重要的，那就通过祈祷、冥想、放松或音乐，将信仰融入你的日常锻炼。

思考一下：意义

什么对你来说最有意义？你的人生目标是什么？什么能帮助你在生活中感受到更大的意义和目标？你怎样才能给你的生活赋予更多的意义和目标？花一点时间思考这些问题，看看会发生什么。当你有所感悟，把你的发现写在你的日记本或电子设备上。

成 就

最重要的是，有规律的锻炼会带来成就感，而成就感是幸福的最后一个要素。成就感来源于我们制定目标并坚持完成它们。当我们通过锻炼身体和心理都变得更强壮、更健康，我们就会有成就感。

你可以通过以下几点增加自己的成就感：

- **接受、拥抱并庆祝每一项成就**。当你设定了一个目标，这是一种成就；当你努力地建立自我价值，这也是一种成就；当你达到了一个目标，这更是一种值得庆祝的成就。奖励你自己，通过这种方式逐渐养成好习惯。然后，再设定新的目标和要达到的成就。
- **永远不要停止成长**。让锻炼成为你人生的一部分。通过锻炼享受生活，通过锻炼延长寿命，通过锻炼获得幸福。坚持终身锻炼。如果你希望自己保持成长状态，那么你一定要锻炼。锻炼是身体、心理、精神和灵魂各个方面获得真正的成长及成就的必由之路。

反思问题：成就

1. 你对自己的锻炼、目标、计划、习惯或动机有成就感吗？哪怕只有一点点。如果没有，为什么没有？什么阻碍了你的成就感？如果有的话，你的成就是什么？把它们写在下面，即使是那些最小的成就。

_____

_____

_____

_____

_____

2. 如何将更多心理健康锻炼方面的成就融入你的生活中？你能发现那些很小的成就，并真诚地为之庆祝吗？当你穿好衣

服出门去做那些你计划要做的事情时，你会有成就感吗？来一场头脑风暴，然后选择其中一个想法，把它写进你的心理健康锻炼计划中。

_____

_____

_____

_____

_____

3. 重温PERMA五要素及其建议，制订你的幸福计划。即你能做些什么来使你的情绪更积极，生活更充实、更有意义，人际关系更和谐，更有成就感？

_____

_____

_____

_____

实现身心健康

通过培养每个人都可以拥有执着精神，幸福也是。我们可以创造并实现心理健康锻炼的梦想。当我们改变不健康的习惯，养成新的、健康的习惯时，我们可以用这个梦想来激励自己。然后我们可以用养成的锻炼习惯让自己的情绪更积极，生活更充实、更有意义，人际关系更和谐，更有成就感。我们可以通过锻炼创造幸福的生活。

通过这 8 个要诀的学习，希望你对心理健康锻炼有了更多的看法；希望你意识到锻炼不仅仅是为了健身、保持身材或让自己感觉良好；希望你已经重新定义了锻炼的价值——让你更积极、更有活力，改善心理健康，促进家庭和谐，增强自信和自我价值，并享受锻炼的乐趣；希望你现在能感受到锻炼在你的生活中拥有的不可思议的力量——改善你的身体、社会、精神、情感和心理健康的力量，以及让你超越健康走向幸福的力量。

心理健康锻炼 = 终身锻炼

愿心理健康锻炼 8 要诀带给你希望——希望你通过锻炼心理更健康，希望你了解各种技能及相应的要求，当你偶有疑虑，也知道如何寻求答案。在终身锻炼的旅途中，你并不孤单。你是心理健康锻炼大家庭的一分子，只要你有需要，这本书以及所有和你一起阅读这本书的人都在这里随时恭候你的到来。

锻炼吧，不仅为了感觉更好、看起来更好或变得更好而锻炼，也为了心理健康而锻炼，为了更长寿、更幸福、更灿烂的人生而锻炼。

反思问题：终身锻炼

1.你觉得这本书中哪一个要诀对你最有帮助？为什么？你认为哪些工具、策略或技能对你最有帮助或你最常使用？为什么？

_____

_____

_____

　　　　_____

　　　　_____

　　2. 心理健康锻炼的哪些方面对你的改善最大？为什么？哪些
　　方面还需要更多的努力？为什么？你打算如何改进？

　　　　_____

　　　　_____

　　　　_____

　　　　_____

　　　　_____

　　登录http：//www.exercise4mentalhealth.com，加入"心理健康
锻炼小组"。注册之后，你可以观看视频，继续学习各种有关锻炼
的技巧和策略，让自己坚持终身锻炼。心理健康锻炼必将带给你健
康、幸福、长寿的生活。

附录A 美国疾控中心的锻炼指南

一般来说，成年人的锻炼计划应该包括如下内容：

- 中等强度的有氧运动，如快走或骑自行车，每周150分钟。
- 力量训练，如举重、俯卧撑或阻力带相关运动，每周至少两天，要锻炼到所有主要肌肉群。

或者：

- 高强度有氧运动，如跑步、慢跑或游泳，每周75分钟，同时保证每周至少两天的力量训练。

或者：

- 上面两个选项的组合。

为了达到更好的身心健康锻炼效果，在医生同意的情况下，你可以：

- 增加每周的运动量：300分钟中等强度的有氧运动，加上每周至少两天的力量训练；或150分钟高强度的有氧运动，加上每周至少两天的力量训练；或这两种选项的组合。

这些建议都是以"周"为单位规定运动量的，而不以"天"为单位。这意味着如果你一天（甚至两天或三天）没有锻炼也不代表你失败了。你仍然可以利用一周剩下的时间来完成你的心理健康锻炼目标。

美国疾病预防和健康促进办公室在2008年为各个年龄阶段的人提供的锻炼建议如下：

- 儿童和青少年：每天至少锻炼1个小时，包括有氧运动（比如捉人游戏、体育运动等）和适合年龄的肌肉及骨骼强化运动。骨骼强化运动是指使骨骼受力的运动，骨骼受力会促进骨骼生长。像球类运动（篮球或网球）、跑步、跳绳，甚至跳房子游戏都可以强健骨骼。不同的孩子可以选择不同的运动方式，但前提是所选择的运动方式要与其所处的年龄相适应。实际上，在成年人眼里的"玩耍"或"疯闹"对孩子来说都是很好的锻炼。要鼓励孩子们以自己喜欢的任何方式动起来。

- 成年人：成年人最忌讳的就是不动。很多人成年后就不再参加体育锻炼了。任何能让你动起来的事情都可以算作锻炼。总锻炼时长包括：与工作相关的锻炼，如每天爬3次楼梯或参加步行会议；与家庭相关的锻炼，如陪孩子玩捉人游戏或踢足球，或全家一起骑行；与家务有关的锻炼，如大扫除或打理花园；与社交相关的锻炼，如和朋友一起徒步。

- 老年人：随着年龄的增长，个体在运动能力方面的差异性越来越大——有些人的身体还处在最佳状态，而有些人开始出现慢性健康问题，体质不断下降——因此对老年人来说，最重要的是保持活力，终身锻炼。首先，在医生的许可和建议下进行锻炼。然后，依据个人情况尽量增加运动量。如果你不能按照建议每周进行150分钟中等强度或75分钟高强度的锻炼，也没关系，尽你所能就好。力量训练（如举重、阻力带相关运动）对老年人也很重要，力量训练可以增加肌肉质量和骨骼密度，但我们要多加小心以防受伤。开始的时候，可以做一些轻量举重，多重复几次。你甚至可以坐在椅子上，做一些简单的上身运动。此外，平衡训练（如倒走、坐姿起立）和柔韧性练习（如瑜伽、拉伸）也不容忽视，并且随着年龄的增长这一点会越发重要。

附录B 人生各阶段的心理健康

儿童心理健康

儿童心理健康问题和障碍比大多数人以为的更常见：

- 目前约有1 500万名儿童被诊断患有心理障碍。
- 由于遗传、家庭、学校、朋辈和社区方面的因素，未来会有更多儿童面临患上精神疾病的高风险（美国心理学协会，2015）。
- 儿童精神障碍呈现上升趋势。一项研究显示，被诊断为患有精神障碍的儿童占所有就诊儿童的比率从2010年的8.1%上升到2013年的10.5%，增长了29%（宋，2013）。
- 最常见的儿童心理障碍包括：注意力缺陷多动障碍，6.8%（3～17岁儿童）；行为障碍，3.5%；焦虑症，3%；抑郁症，2.1%；自闭症，1.1%（佩鲁等，2013）。
- 男孩患多动症和自闭症的比例较高，女孩患焦虑症、抑郁症和饮食障碍的比例较高（宋，2013）。
- 儿童通常会同时患上抑郁症和焦虑症，且随着年龄的增长，受其影响的儿童往往会反复发作。
- 随着儿童年龄的增长，抑郁症变得越来越普遍，而父母或照护者往往难以发现。在小学阶段，抑郁症症状可能会表现在生理上，如疼痛或不适。他们很少会直接说"我很沮丧"，更多地表现为：在学校会遭遇各种挫折，与朋友或家人相处有困难，不知道如何表达自己的感受（美国精神疾病联盟，2014）。儿童的抑郁症发作往往会持续6～9个月，如果不及时治疗，可能会发展成慢性抑郁症。

- 儿童心理障碍往往与医疗卫生条件相关，不同的医疗卫生条件下采取的治疗方法不同，其治疗依从性也会有所差别；儿童心理障碍还可能会导致药物滥用、危险的性行为、犯罪行为、学习成绩欠佳以及在工作、家庭和育儿方面的不成功（佩鲁，2013）。

青少年心理健康

对青少年心理健康的研究表明：

- 随着年龄的增长，儿童进入青春期，其患抑郁症的风险也会增加；事实上，据估算，11%的青少年在18岁前都患过抑郁症（美国国家精神卫生研究所，2015）。超过一半的青春期抑郁症患者将在未来7年内经历抑郁症复发（美国国家精神卫生研究所，2015）。青少年时期的精神疾病如果不及时治疗，通常会发展成慢性精神疾病。
- 虽然男孩和女孩在童年时期的抑郁症患病率是一样的，但是到了青春期及以后，女性的抑郁症患病率几乎是男性的两倍（宋，2013）。这主要是因为青春期女孩荷尔蒙水平变化的生物学影响以及女孩和男孩处理情绪压力的方式之间的差异。
- 青少年的抑郁症状可能包括暴躁易怒、低自尊、对失败或拒绝极度敏感、人际关系出现问题、孤独、情绪低落、绝望、哭泣、身体不适（如胃痛或头痛）、睡眠或食欲大变、对曾经喜欢的活动缺乏兴趣，甚至有自杀的想法（美国精神疾病联盟，2014）。对照护者来说，理解并帮助青少年尽早发现这些症状以获得必要的支持和治疗是非常重要的。
- 患抑郁症的青少年往往还会沾染酒精或毒品，具有攻击性，对学业松懈甚至逃学（美国精神疾病联盟，2014）。他们可能外表看起来很好，但内心却感到空虚、孤独和绝望。

- 据统计，在过去一年中，12～17岁的青少年中有4.7%使用非法药物，4.2%被诊断患有酗酒症；而在过去一个月中，这些青少年中有2.8%的人有烟瘾（佩鲁等，2013）。

- 研究显示，在过去一个月中，8%的青少年至少有14天心理处于不健康的状态，2010年每10万青少年就有4.5人自杀（佩鲁等，2013）。

- 缺乏锻炼、睡眠不足和媒体依赖也会影响心理健康。社交媒体对自我价值和身体形象有着特别强大的影响，霸凌和人气竞赛让青少年对于如何在网上被接受和喜欢产生了不切实际的幻想。

- 许多处于危险中的青少年都被忽视了。一项针对欧洲11个国家12 395名青少年的研究发现，因为接触吸毒、酗酒等高风险行为，13%的青少年处于焦虑、抑郁和有自杀倾向的"高风险"状态；58%的青少年处于"低风险"状态；剩下29%的青少年处于一种"无形风险"的状态，这一点出乎研究人员的意料。处在"无形风险"状态中的青少年，媒体使用率高，睡眠时间短，喜欢久坐不动，他们与高风险组的青少年有着相似的焦虑、抑郁和自杀倾向（卡莉等，2014）。

- 危险行为和精神疾病在青少年中相当常见，并且这些危险行为和症状会随着年龄的增长而增加（卡莉等，2014）。对男孩来说，最常见的风险因素是吸毒和酗酒，而缺乏锻炼和睡眠不足在女孩中更为常见。

青年期心理健康

当我们20岁出头25岁左右时，我们逐渐可以感受到成年人的身体和思想状态。大脑在这个阶段已经发育成熟，我们正全力寻找自己的人生道路，理解自己成年人的身份，并努力成为我们想要成为的人。青年人的生活是不断变化的，因为这个时期的我们要在学业与事业、寻求自我与发展关系的大海中穿梭航行。然而，这也是心理健康的关键时期——一个最容易患上精神疾病的时期。

- 被诊断患有精神疾病的人有75%在24岁前就出现了相关症状（美国卫生和公众服务部，2015）。事实上，精神分裂症、双相情感障碍和重度抑郁症最常见于十八九岁或二十出头。青年人的生活压力可能会诱发此类或其他潜在疾病。刚上大学、远离家庭、独立生活等可能会给我们带来一定的压力，导致精神疾病的发作（美国药物滥用和精神健康服务管理局，2014）。
- 吸毒和酗酒也会引发精神疾病，尤其是像大麻或可卡因这样的致幻剂。青年人可能会用酒精或毒品来应对精神压力或疾病，但这些物质通常会导致更多的问题，包括药物滥用或依赖。
- 根据2010～2012年的综合数据，在过去一年中，20%的青年人（18～25岁）患有精神疾病；其中3.9%的青年人患有严重的精神疾病，6.4%的青年人同时患有精神疾病和药物使用障碍。患有精神疾病的青年人生活质量更差（药物滥用和精神健康服务管理局，2014）。
- 据估计，66.6%患有精神疾病的青年人没有得到过治疗或帮助，47%患有严重精神疾病的青年人没有得到治疗。
- 早期干预对帮助青年人适应新的生活角色、培养成功和幸福生活所需的技能和观念至关重要。

育龄期心理健康

生儿育女的岁月可能是最具挑战性的。举例来说，伴随着怀孕和分娩而来的荷尔蒙变化，会让许多女性陷入一种围产期情绪或焦虑症的困境，如产后抑郁症，这可能会对她的伴侣、孩子和整个家

庭产生重大影响。男性在婴儿出生后也会经历情绪的变化，并可能
发展成父亲产后抑郁症。

　　睡眠不足是孩子出生后另一个常见的问题，大多数父母每天都
十分疲惫。除了原本的工作和个人责任之外，大量时间要用来照顾
孩子、陪伴家人。这是一个高度紧张且缺乏睡眠的阶段，这样的状
态会对父母的心理健康造成损害。

　　为了更好地理解育龄人群独特的心理健康需求，让我们来看看
以下事实：

- 怀孕及产后第一年是女性一生中特别容易受伤的时段。一个女
  人在分娩后的几天内出现精神问题的可能性是她一生中其他时
  间的30倍。这表明生育给女性带来了极大的压力和挑战。
- 产后心理障碍从轻度到重度不等。多达80%的女性在分娩期间
  或分娩之后会经历一些情绪波动，即通常所说的"产后失调"，
  这是一种轻度的产后心理障碍，往往不需要治疗就能自愈。抑
  郁症和焦虑症在中度的产后心理障碍中非常普遍，多达15%的
  女性在怀孕期间会有抑郁症状，多达20%的女性会经历产后抑
  郁症；大约6%的孕妇和10%的产妇患有焦虑症，而3%～5%的
  妇女会患上孕期或产后强迫症，1%～6%的妇女会出现产后创伤
  后应激障碍（产后支持国际，2014）。每1 000名妇女中会有1人
  患上产后精神病，这是一种严重且可能危及生命的产后精神疾
  病，需要立即治疗才能保护母亲和婴儿的安全。
- 这些围产期情绪和焦虑症通常被统称为"分娩期并发症"。
- 如果不及时治疗，孕期或产后精神疾病可能会演变为慢性精神
  疾病。产后抑郁症每年影响大约10%的母亲，只有大约一半的
  人会寻求并接受治疗。据估计，每年至少有10%的美国母亲遭
  受产后抑郁（厄特尔等，2011）。对发育中的儿童而言，如果
  母亲患有抑郁症，其在未来出现认知和行为障碍的可能性很大

（加拿大儿科学会，2004）。

- 据估计，全世界10%的父亲、美国14%的父亲经历过产后抑郁（保尔森和巴兹莫勒，2010），如果不及时治疗，也同样可能转化为慢性精神疾病。由于很多人不愿意谈及他们的症状或寻求帮助，有些研究者估计，实际的患病率可能更高。
- 一半有抑郁症伴侣的男性也会患抑郁症。当父母双方都患有抑郁症时，会对育儿、家庭关系、新生儿及其他孩子的整体发育和幸福感产生重大影响。

中年心理健康

中年是一个人身体和情感发生巨大变化的时期。送孩子上大学、"空巢"综合征、职业生涯的结束或重新开始以及人际关系的改变，都会让处在这个阶段的人更兴奋或更有压力。有些人到了中年在财务上已经拥有足够的安全感，也具备一定的掌控感和竞争力；而另一些人不仅上有老下有小，可能还面临债务危机，经济状况十分紧张。中年时期对一些人来说是自由美好的时光，他们在职业选择和人际关系两方面都有所改善；而对另一些人来说，陈旧的婚姻和停滞的职业生涯让他们遗憾且悲伤。再加上有年迈的父母要赡养，自己的身体健康状况也每况愈下，使得这一时期可能变成心理健康面临巨大压力的一个时期。

女性在中年时期会面临一系列特殊的情况，因为她们开始绝经。围绝经期是指绝经前的几个月或几年。这一阶段通常会伴随着身体和情绪上的症状，严重影响妇女的心理健康。人际关系也可能随着更年期而改变，这也许是夫妻关系中最艰难的时期之一。

男性在这一时期通常会面临"中年危机"，尽管大多数专家都认为与其说这是一场危机，不如说是一个人生的重大转机。虽然"中年危机"也可能发生在女性身上，尤其是当她们的荷尔蒙发生变化时，但男性更有可能出现与职业和身体变化相关的心理健康症状。许多男性很难适应中年的身体变化，甚至纳闷"这到底是谁的身体？"另一些人可能会觉得他们的职业道路没有像他们希望的那样成功。男性可能不太会跟朋友抱怨他们的烦恼，他们更有可能沉溺于酗酒来逃避现实。因此，自杀是中年男性的另一个常见问题（多希尼，2008）。

了解下列有关中年心理健康的事实可以帮助每个人做好准备：

- 在美国，绝经的平均年龄是45～55岁，围绝经期可持续数月甚至长达10年。在美国，每年有130万名妇女进入更年期，其中约20%的人在这个过程中的某个时段会经历抑郁症（格拉曼，2012）。

- 虽然许多人在围绝经期没有任何情绪症状，但研究表明，围绝经期妇女患抑郁症的风险会显著增加，绝经后患抑郁症的风险会有所降低（美国国家精神卫生研究所，2015）。即使是没有精神病史的女性，这种风险也是一样的（弗里曼等，2006；科恩等，2006）。围绝经期还会使妇女面临更大的患焦虑症、恐慌症和强迫症的风险，并可能加重双相情感障碍的症状，尤其是双相情感障碍的抑郁症状（格拉曼，2012）。这再次说明了荷尔蒙在女性心理健康中的重要作用。

- 虽然精神分裂症通常高发于青年人群体，但女性会在45～50岁这段时间出现精神分裂症发作的第二个高峰，一些女性的精神分裂症甚至会在围绝经期期间恶化，这再次表明了荷尔蒙在精神疾病中的重要作用（格拉曼，2012）。

- 失眠在绝经过渡期也很常见，40%～50%的女性在这一时期会经历睡眠障碍，他们也更有可能出现焦虑、紧张、压力和抑郁的症状（格拉曼，2012）。

- 虽然女性自杀的可能性是男性的3倍，但男性自杀死亡的可能性是女性的4倍（美国精神疾病联盟，2015）。男性往往会采取更致命的手段自杀，近60%的男性用枪自杀，男性在痛苦时也更有可能酗酒。据估计，90%死于自杀的人患有某种精神疾病或药物使用障碍（菲尔茨，2010）。
- 中年男性的自杀率最高；其中，中年白人男性的自杀率是所有人群中最高的（美国自杀预防基金会，2015；比尔斯克和怀特，2011）。一份1990年的医学杂志写道："女人求救，男人求死。"尽管这是一个夸张的说法，但有一定的事实依据（菲尔茨，2010）。

老年心理健康

随着人生走向暮年，很多变化会随之而来。伴随年龄的增长，伴侣、家人或亲人的死亡是很常见的，这种悲伤很难磨灭。健康水平的下降和慢性疾病的困扰也会对晚年生活产生很大影响。然而，对许多人来说，退休的那几年可以说是人生的"黄金时期"。即使年龄继续增长，仍然可以过得有声有色。

抑郁症在老年阶段相当普遍，许多人认为这是衰老很"正常"的一部分。这是不对的。老年人的抑郁症很容易被忽视。一方面是因为他们自己不太愿意谈论悲伤或把它当作一种需要治疗的疾病；另一方面是因为医生通常将其视为其他疾病或正常的衰老现象。

虽然抑郁不是衰老的正常现象，但对很多人来说，认知能力下降是正常的。随着年龄的增长，许多人的身体包括大脑的血液流动受限。这可能会导致类似抑郁的症状，也可能使人们患心脏病或中风的风险更大（美国国家精神卫生研究所，2015）。

以下是一些有关老年心理健康的事实：

- 据估计，700万名65岁以上的美国人患有抑郁症；但不幸的是，老年人的抑郁症经常因为被忽视或被误认为是其他疾病而得不到及时治疗（克尔，2012）。

- 老年女性会比老年男性更容易患抑郁症，但绝经后女性的抑郁症发病率显著下降（美国国家精神卫生研究所，2015）。居家老人的抑郁症发病率（1%～5%）明显低于住在医院（14%）或养老院（29%～52%）的老人（克尔，2012）。据估计，90%患有抑郁症的老年人得不到充分的护理，78%患有抑郁症的老年人完全得不到治疗（克尔，2012）。他们最有可能"独自处理"抑郁症，因为许多人不认为抑郁症是一种健康问题（美国心理健康协会，2015）。

- 85岁及以上老人的自杀率是所有年龄段中第二高的，其中男性的自杀风险最高（美国自杀预防基金会，2015）。如此多人在生命的尽头感到失落和孤独，不得不说这是一场可怕的悲剧。

- 帕金森病、阿尔茨海默病、心脏病、癌症和关节炎等疾病是老年人抑郁症的常见诱因（美国心理健康协会，2015）。在老年阶段，身体健康和心理健康的相互影响尤其明显。

- 丧偶是影响晚年心理健康的另一个因素。据估计，15%～30%的丧偶者在伴侣去世的第一年就被临床诊断为抑郁症（萨松和艾默生，2013），更多人则表现出抑郁症的亚临床症状（凯尔和乌茨，2001）。其中一半人在一年之后仍然无法摆脱抑郁症状（范·格鲁斯特等，1999）。女性过早守寡的风险更大，因为在伴侣去世后，男性比女性更容易再婚。尽管不同研究存在一些差异，但都一致认为，较早丧偶的人比较晚丧偶的人患抑郁症的概率更高，适应能力更差（萨松和艾默生，2013）。总体而言，女性似乎比男性更容易适应丧偶后的生活，而独居的老年男性比丧偶女性或再婚男性更容易患抑郁症（范·格鲁斯特等，1999）。

- 认知能力下降是老年人的另一个重要问题。1/3 的老年人死于阿尔茨海默病或其他形式的痴呆症，据估计，到 2050 年，阿尔茨海默病患者的数量将会是现在的 3 倍，从 500 万人增加到 1 600 万人（阿尔茨海默病协会，2015）。

译名对照表

人 名

A

阿布兰特什 Abrantes

阿罗约 Araujo

阿萨尔 Asare

阿苏 Asu

爱德华·德西 Edward Deci

埃德温·洛克 Edwin Locke

埃里克 Eric

艾肯兰德 Ekelend

艾莉森·刘易斯 Alison Lewis

艾伦 Allen

艾伦·布里斯代尔 Alan Bleasdale

艾默生 Umberson

安德烈·勃兰特 Andrea Brandt

安吉拉·莱利 Angela Riley

奥本佐 Oppezzo

奥尔德曼 Olderman

奥尔森 Olson

奥康纳 O'Connor

奥利弗 Oliver

奥托 Otto

奥泽缇 Orzech

B

巴贝特·罗斯柴尔德 Babette Rothschild

巴尔布 Barb

巴尔加瓦 Bhargava

巴克斯特 Baxter

巴兹莫勒 Bazemore

保尔森 Paulson

贝迪汉·乌斯顿 Bedirhan Ustun

贝莱斯基 Beretsky

贝鲁克 Belluck

贝洛克 Belloc

本杰明·富兰克林 Benjamin Franklin

本杰明·雅林 Benjamin Yarling

弗里茨 Fritz

弗里曼 Freeman

G

高尔钦斯基 Gorczynski

格温·舒伯特·格雷勃 Gwen Schubert Grabb

高尔文 Galvin

戈伯 Gerber

古德伯格 Goldberg

戈登 Gordon

古德温 Goodwin

格拉曼 Gramann

古丁 Gutin

格里芬 Griffin

古拉蒂 Gulati

H

哈默尔 Hamer

赫林 Herring

海登 Hayden

亨特 Hunter

赫尔 Hull

怀特 White

赫尔姆里奇 Helmrich

惠利 Whaley

J

吉伦 Gillen

杰里·莫里斯 Jerry Morris

加伯 Garber

杰斯瑞 Jazeiri

加里·莱瑟姆 Gary Latham

K

卡莉 Carli

科尔顿 Colton

卡洛琳·科斯丁 Carolyn Costin

科恩 Cohen

卡什 Cash

克尔 Kerr

凯尔 Carr

克拉夫特 Craft

凯斯勒 Kessler

克莱顿 Clayton

莫里 Morey   穆罕默德 Mohammed

默里 Murray

N

纳撒尼尔·布兰登 Nathaniel Bran-den   尼诺特 Ninot

南 Nan   诺克罗斯 Norcross

内特·科恩 Nate Cohan   诺斯 North

尼尔逊 Nelson   诺斯鲁普 Northrup

P

帕格尼尼 Pagnin   佩鲁 Perou

帕特 Pate   佩特 Pate

帕维 Pavey   普廖尔 Prior

佩娜 Perna   普罗查斯卡 Prochaska

Q

乔洛夫 Chouloff

S

萨克斯 Sachs   桑斯特罗姆 Sonstroem

萨默 Summer   沙玛 Sharma

萨斯曼 Sussman   绍博 Szabo

萨松 Sasson   圣雄甘地 Mahatma Gandhi

塞阿布拉 Seabra   施拉德 Schrider

塞利格曼 Seligman   施迈茨 Schmalz

塞斯川姆 Sonstroem,   施泰因 Stein

赛耶 Thayer   施瓦茨 Schwartz

Y

亚伯拉罕·马斯洛 Abraham Maslow

杨 Young

扬诺蒂 Iannotti

伊顿 Eaton

伊丽莎白·安妮·斯科特 Elizabeth

Anne Scott

伊丽莎白·贝尔德 Elizabeth Baird

伊丽莎白·舍斯塔克 Elizabeth Shestak

一行禅师 Thich Nhat Hanh

约翰·伦德 John Lund

Z

詹姆斯·普罗查斯卡 James Prochaska

詹妮弗 Jennifer

朱莉 Julie

机构名

阿尔茨海默病协会 Alzheimer's Association

亚利桑那州产后健康联盟 Arizona Postpartum Wellness Coalition

产后支持国际 Postpartum Support International（PSI）

加拿大儿科学会 Canadian Pediatric Society

健康、运动与营养总统委员会 President's Council on Fitness, Sports, & Nutrition

剑桥大学 University of Cambridge

马里兰大学医学中心 University of Maryland Medical Center

美国成瘾医学协会 American Society of Addiction Medicine（ASAM）

美国公共卫生服务 U. S. Public Health Service

美国国家健康研究所 National Institute of Health

美国国家精神卫生研究所 National Institute of Mental Health（NIMH）

美国国家药物滥用研究所 The National Institute on Drug Abuse

美国疾病预防和健康促进办公室 the Office of Disease Prevention and Health
  Promotion（ODPHP）

美国疾控中心 Centers for Disease Control and Prevention（CDC）

美国焦虑症和抑郁症协会 Anxiety and Depression Association of America
（ADAA）

美国精神疾病联盟 National Alliance on Mental Illness（NAMI）

美国农业部 U. S. Department of Agriculture（USDA）

美国卫生与公众服务部 United States Department of Health and Human
Services（USD-HHS）

美国心理健康协会 Mental Health America

美国心理学协会 American Psychological Association（APA）

美国心脏协会 The American Heart Association（AHA）

美国压力学会 American Institute of Stress

美国药物滥用和精神健康服务管理局 Substance Abuse and Mental Health
Services Administration（SAMHSA）

美国自杀预防基金会 American Foundation for Suicide Prevention

梅奥医学中心 Mayo Clinic

明尼苏达大学德卢斯分校 University of Minnesota Deluth

抑郁症和双相情感障碍支持联盟 Depression and Bipolar Support Alliance
（DBSA）

参考文献

Abrantes, A. M., Strong, D. R., Cohn, A., Cameron, A. Y., Greenberg, B. D., Mancebo, M. C., & Brown, R. A. (2009). Acute changes in obsessions and compulsions following moderate-intensity aerobic exercise among patients with obsessive-compulsive disorder. Journal of Anxiety Disorders, 23(7), 923–927.

Alcoholrehab.com. (2015). Exercise an effective treatment in rehab: physical fitness can help in early recovery. Accessed April 4, 2015. Retrieved from http://alcoholrehab.com/alcoholism/exercise-for-alcohol-rehab-treatment/

Alzheimer's Association.(2015a). Alzheimer's facts and figures. Accessed Feb. 2, 2015.Retrievedfromhttp://www.alz.org/alzheimers_disease_facts_and_figures.asp

Alzheimer's Association. (2015b). Stay physically active. Accessed Feb. 2, 2015. Retrieved from http://www.alz.org/we_can_help_stay_physically_active.asp

American Foundation for Suicide Prevention [AFSP]. (2015). Facts and figures. AccessedJanuary15, 2015.Retrieved from https://www.afsp.org/understanding-suicide/facts-and-figures

American Heart Association. (Nov. 13, 2014). The AHA's recommendations for physical activity in children. Accessed Jan. 28, 2015. Retrieved from http://www.heart.org/HEARTORG/GettingHealthy/HealthierKids/ActivitiesforKids/The-AHAs-Recommendations-for-Physical-Activity-in-Children_UCM_30405 3_Article.jsp

American Institute of Stress (AIS). (n.d.) Stress is killing you. Accessed Jan. 7, 2015. Retrieved from http://www.stress.org/stress-is-killing-you/American

Psychological Association. Children's mental health. Accessed Jan. 23, 2015.
Retrieved from http://www.apa.org/pi/families/children-mental-health.aspx

American Society of Addiction Medicine. (April 9, 2011). Definition of addiction:
Public policy statement. Accessed June 2, 2015. Retrieved from http://www.
asam.org/for-the-public/definition-of-addiction

Andel, R., Crowe, M., Pederson, N. L., Fratiglioni, L., Johansson, B., & Gatz, M.
(2008). Physical exercise at midlife and risk of dementia three decades later:
A population-based study of Swedish twins. The Journals of Gerontology,
Series A, 63(1), 62–66.

Anxiety and Depression Association of America [ADAA]. (2014). Facts and
Statistics. Accessed June 8, 2015. Retrieved from http://www.adaa.org/about-
adaa/press-room/facts-statistics

Arizona Postpartum Wellness Coalition. (2005). Perinatal mood and anxiety
disorders: assessment & treatment. (2-day certificate of completion course).
AZ.

Aruajo, C. G. & Stein, R. (Aug. 10, 2015). Leisure time physical activity
and mortality: it is time to fill the prescription—more activity for adults.
Accessed September 14, 2015.Retrievedfromhttp://www.acc.org/latest-in-
cardiology/articles/2015/ 08/07/12/01/leisure-time-physical-activity-and-
mortality?w_nav=TI

Babyak, M., Blumenthal, J. A., Herman, S., Khatri, P., et al. (2000). Exercise
treatment for major depression: maintenance of therapeutic benefit at 10
months. Psychosomatic Medicine, 62(5), 633–8.

Baxter, A. J., Scott, K. M., Vos, T., & Whiteford, H. A. (2013). Global prevalence
of anxiety disorders: A systematic review and metaregression. Psychological
Medicine, 43(5), 897–910.

Belloc, N. B. & Breslow, L. (1972). Relationship of physical health status and
health practices. Preventive Medicine, 1(3), 409–21.

Beretsky, S. (April 15, 2011). When Exercise Feels Just Like a Panic Attack. Accessed June 22, 2015. http://psychcentral.com/blog/archives/2011/04/14/when-physical-exercise-feels-just-like-a-panic-attack/

Bergland, C. (2013). Cortisol: why "the stress hormone" is public enemy no. 1. AccessedSetpember11, 2015.Retrievedfrom https://www.psychologytoday.com/blog/the-athletes-way/201301/cortisol-why-the-stress-hormone-is-public-enemy-no-1

Bernard, P. & Ninot, G. (2012). Benefits of exercise for people with schizophrenia: A systematic review. Encephale, 38(4), 280–7. Bhargava, H. D. (reviewed by). (2014). 5 simple, fun ideas for family fitness. Accessed June 4, 2015. Retrieved from http://www.webmd.com/parenting/raising-fit-kids/move/family-fitness-ideas

Biddle, S. J. & Asare, M. (2011). Physical activity and mental health in children and adolescents: A review of reviews. British Journal of Sports Medicine, 45, 886–895.

Biddle, S. J. & Fox, K. R. (1989). Exercise and health psychology: Emerging relationships. British Journal of Medical Psychology, 62, 205–216.

Blair, S. (1995). Exercise prescription for health. Quest, 47, 338–353.

Blisker, D. & White, J. (2011). The silent epidemic of male suicide. British Columbia Medical Journal, 52(10), 529–534.

Blumenthal, J. A., Babyak, M. A., Doraiswamay, M., Watkins, L., Hoffman, B. M., Barbour, K. A., et al. (2007). Exercise and pharmacotherapy in the treatment of major depressive disorder. Psychosomatic Medicine, 69, 587–596.

Branden, N. (1995). The six pillars of self-esteem: The definitive work on self-esteem by the leading pioneer in the field. Bantam Books: New York, NY.

Brooks, A., Bandelow, B., Pekrun, G., Meyer, T., et al. (1998). Comparison of aerobic exercise, clomipramine, and placebo in the treatment of panic disorder. American Journal of Psychiatry, 155(5), 603–9.

Brown, S. (2008). Play is more than just fun. [video] TedTalks. Accessed Feb. 24, 2015. http://www.ted.com/talks/stuart_brown_says_play_is_more_than_fun_it_s_vital?language=en#t-26377

Brustad, R. J. (1993) Who will go out and play? Parental and psychological influences on children's attraction to physical activity. Pediatric Exercise Science, 5(3), 210–223.

Brustad, R. J. (2010). The role of the family in promoting physical activity. President's Council on Physical Fitness & Sports Research Digest, 10(3), 1–8.

Canadian Pediatric Society. (2004). Maternal depression and child development. Pediatric Child Health, 9(8), 575–583.

Carli, V. et al. (2014). A newly identified group of adolescents at invisible risk for psychopathology and suicidal behavior: Findings from the SEYLE study. World Psychiatry, 13(1), 78–86.

Carr, D. & Utz, R. (2001). Late-life widowhood in the United States: New directions in research and theory. Ageing International, 27(65).

Cash, H., Rae, C. D., Steel, A. H., & Winklerb, A. (2012). Current psychiatry reviews, 8(4), 292–298.

Centers for Disease Control and Prevention. (2011). How much physical activity do adults need? Accessed Dec. 13, 2014. Retrieved from http://www.cdc.gov/physicalactivity/everyone/guidelines/adults. html

Centers for Disease Control and Prevention. (2015). CDC behavioral risk factor surveillance survey. Accessed Feb. 7, 2015. Retrieved from http://www.cdc.gov/brfss/

Chouloff, F. (1994). Influence of physical exercise on 5-HT1A receptor and anxiety-related behaviors. Neuroscience Letters, 176(2), 226–230.

Chouloff, F. (1997). The serotonin hypothesis. In W. P. Morgan (Ed.), Physical Activity and Mental Health. Taylor and Francis: Washington, D. C., 179–98.

Clayton, R. (2014). How regular exercise helps you balance work & family.

Harvard Business Review. Accessed Feb. 22, 2015. Retrieved from https://hbr.org/2014/01/how-regular-exercise-helps-you-balance-work-and-family

Cohen, G. E. & Shamus, E. (2009). Depressed, low self-esteem? What can exercise do for you? The Internet Journal of Allied Sciences and Practices, (7)2, 1–5.

Cohen L., Altshuler L., Harlow B., Nonacs R., Newport DJ, Viguera A., Suri R., Burt V., Hendrick A. M., Loughead A., Vitonis A. F., Stowe Z. (2006). Relapse of major depression during pregnancy in women who maintain or discontinue antidepressant treatment. Journal of the American Medical Association, 295(5), 499–507.

Cook, B., Hausenblas, H., Tuccitto, D., Giacobbi, G. R. (2011). Eating disorders and exercise: A structural equation modeling analysis of a conceptual model. Eur. Eat. Disorders Rev., 19, 216–225.

Covey, S. (2013). The seven habits of highly effective people: Powerful lessons in personal change. New York: Simon & Schuster.

Craft, L. L. & Perna, F. M. (2004). The benefits of exercise for the clinically depressed. Primary Care Companion to the Journal of Clinical Psychiatry, 6(3), 104–111.

Crocker, J. (2002). The costs of seeking self-esteem. Journal of Social Issues, 58(3), 597–615.

Daly, A. J., Macarthur, C., & Winter, H. (2007). The role of exercise in treating postpartum depression: A review of the literature. Journal of Midwifery and Women's Health, 52(1), 56–62.

Depression and Bipolar Support Alliance. (2015). Depression statistics. Accessed Jan. 12, 2015. Retrieved from http://www.dbsalliance.org/ site/ PageServer?pagename=education_statistics_depression

Diener, E. (1984). Subjective well-being. Psychological Bulletin, 95, 542–575.

Doheny, K. (2008). Midlife crisis: Transition or depression? Accessed Jan. 31,

2015. Retrieved from http://www.webmd.com/depression/features/midlife-crisis-opportunity

Driver, H. S. and Taylor, S. R. (2000). Exercise and sleep. Sleep Medicine Reviews, 4(4), 387–402.

Duhigg, C. (2012). The power of habit: Why we do what we do in life and business. New York: Random House.

Duncan, S. C., Duncan, T. E., Strycker, L. A. (2005). Sources and types of social support in youth physical activity. Health Psychology, 24(1), 3–10.

Durden-Smith, J. (1978). A chemical cure for madness. Quest, 2, 31–36.

Dzewaltowski, D. A., Geller, K. S., Rosenkranz, R. R., Karteroliotis, K. (2010). Children's self-efficacy and proxy efficacy for after-school physical activity. Psychology of Sports and Exercise, 11(1), 100–106.

Eaton, W. W., Shao, H., Nestadt, G., Lee, J. B., Bienvenu, O. J., & Zandi, P. (2008). Population-based study of first onset of chronicity in major depressive disorder. Archives of General Psychiatry, 65, 513–520.

Ekeland E., Heian F., Hagen, K. B., Abbott, J. M., & Nordheim, L. (2004). Exercise to improve self-esteem in children and young people. Cochrane Database of Systematic Reviews, (1): CD003683.

Ertel, K. A., Rich-Edwards, J. W., & Koenen, K. C. (2011). Maternal depression in the United States: Nationally representative rates and risks. J Women's Health, 20(11), 1609–1617.

Faulkner, B. & Biddle, S. (1999). Exercise as an adjunct treatment for schizophrenia: A review of the literature. Journal of Mental Health, 3(5), 441–457.

Fields, D. (2010). Middle-age suicide. Accessed Feb. 4, 2015. Retrieved from http://goodmenproject.com/featured-content/middle-age-suicide/

Fogarty M, Happell B, & Pinikahana J. (2004). The benefits of an exercise program for people with schizophrenia: A pilot study. Psychiatric

Rehabilitation Journal, 28, 173–176.

Fox, K. (2000). The effects of exercise on self-esteem & self-perceptions. Physical Activity & Psychological Well-Being; Biddle, S., Fox, K., & Boutcher, S. (Eds.). Psychology Press, 88–98.

Freeman E. W., Sammel M. D., Lin H., Nelson D. B. (2006). Associations of hormones and menopausal status with depressed mood in women with no history of depression. Archives of General Psychiatry, 63(4), 375–382.

Fritz, R. (1989). Path of Least Resistance: Learning to become the creative force in your own life. New York, NY: Ballantine Books.

Fulton, J. D., Shisler, J. L., Yore, M. M., Caspersen, C. J. (2006). Active transportation to school: Findings from a national survey. Research Quarterly for Exercise and Sport, 76(3), 352–357.

Galvin, R., Cusack, T., O'Grady, E., Murphy, T. B., & Stokes, E. (2011). Family-mediated exercise intervention (FAME): Evaluation of a novel form of exercise delivery after stroke. Stroke, 42, 681–686.

Garber, C. E., Blissmer, B., Deschenes, M. R., Franklin, B. A., Lamonte, M. J., Lee, I., Nieman, D. C., & Swain, D. P. (2011). Quantity and quality of exercise for developing and maintaining cardiorespiratory, musculoskeletal, and neuromotor fitness in apparently healthy adults: Guidance for prescribing exercise. Medicine and Science in Sports and Exercise, 43(7), 1334–1359.

Gerber, M., Brand, S., Elliot, C., Holsboer-Trachsler, E., Puhse, U., & Beck, J. (2013). Aerobic exercise training and burnout: A pilot study with male participants suffering from burnout. BMC Research Notes, 2013, 6:78.

Gillen, J. B., Percival, M. E., Skelly, L. E., Martin, B. J., Tan, R. B., et al. (2014). Three minutes of all-out intermittent exercise per week increases skeletal muscle oxidative capacity and improves cardiometabolic health. PLoS One, 9(11): e111489.

Goldberg, J. (reviewed by). (August 21, 2014). Electroconvulsive therapy and other depression treatments. Accessed September 12, 2015. Retrieved from http://www.webmd.com/depression/guide/electroconvulsive-therapy

Goodreads. (2015). Benjamin Franklin: Quotable quote. Accessed September 11, 2015. Retrieved from http://www.goodreads.com/quotes/1220489-energy-and-persistence-conquer-all-things

Goodwin, R. D. (2003). Association between physical activity and mental disorders among adults in the United States. Preventive Medicine, 36, 689–703.

Gorczynski, P. & Faulkner, G. (2010). Exercise therapy for schizophrenia. Cochrane Database Syst Rev, 12(5).

Gordon, J. (2001). Comprehensive cancer care: Integrating alternative, complementary, and conventional therapies. Cambridge, MA: Perseus Publishing

Gramann, S. (April, 2012). Menopause & mood disorders. Accessed Feb. 5, 2015. Retrieved from http://emedicine.medscape.com/article/295382-overview.

Griffin, S. J., and Trinder, J. (1978) Physical fitness, exercise, and human sleep. Psychophysiology, 15(5), 447–50.

Gulati, M., Black, H., Shaw, L., Arnsdorf, M., Merz, N., Lauer, M, et al. (2005). The prognostic value of nomogram of exercise capacity in women. New England Journal of Medicine, 353(5), 468–75.

Gutin, B. (1966). Effect of increase in physical fitness on mental ability following physical and mental stress. Research Quarterly, 37(2), 211–20.

Hamer, M., Sabia, S., Batty, G. D., Shipley, M. J., Tabak, A. G., Singh-Manoux, A., et al. (2012). Physical activity and inflammatory markers over 10 years: Follow-up in men and women from the Whitehall II cohort study. Circulation, 126(8), 928–33.

Hayden, J. A., van Tulder, M. W., Malmivaara, A., & Koes, B. W. (2005). Exercise therapy for treatment of non-specific low back pain. Cochrane

Database of Systematic Reviews, 20(3), CD000335.

Harvard Health Publications. (2015). What's the best exercise plan for me? Accessed Feb. 15, 2015. Retrieved from http://www.helpguide.org/harvard/whats-the-best-exercise-plan-for-me.htm

Helmrich, S. P., Ragland, D. R., Leung, R. W., & Paffenbarger, R. S. Jr. (1991). Physical activity and reduced occurrence of non-insulindependent diabetes mellitus. New England Journal of Medicine, 325(3), 147–52.

Herring, M. P., Jacob, M. L., Subeg, C., Dishman, R. K., & O'Connor, P. J. (2012). Feasibility of exercise training for the short-term treatment of generalized anxiety disorder: a randomized controlled trial. Psychotherapy and Psychosomatics, 81, 21–28.

Hibbert, C. (2013). This is how we grow: A psychologist's memoir of loss, motherhood, and discovering self-worth and joy, one season at a time. Flagstaff, AZ: Oracle Folio.

Hibbert, C. (2015). Who am I without you? 52 ways to rebuild self-esteem after a breakup. Ontario, CA: New Harbinger Publications.

Huberty, J. L., Ransdell, L. B., Sidman, C., Flohr, J. A., Shultz, B., Grosshans, O., & Durrant, L. (2008). Explaining long-term exercise adherence in women who complete a structured exercise program. Research Quarterly for Exercise and Support, (79)3, 374–384.

Hull, E. E., Rofey, D. L., Robertson, R. J., Nagle, E. F., Otto A. D., & Aaron, D. J. (2010). Influence of marriage and parenthood on physical activity: A 2-year prospective analysis. J Phys Act Health, 7(5), 577–583.

Hunter, G. R., McCarthy, J. P., Bamman, M. M. (2004). Effects of resistance training on older adults. Sports Medicine, 34, 329–348.

Iannotti, R. J. & Wang, J. (2013). Patterns of physical activity, sedentary behavior, and diet in U. S. adolescents. Journal of Adolescent Health, 52(2), 280–286.

Jazaieri, H., Goldin, P., Werner, K., Ziv, M., Heimberg, R., Gross, J. J. (2012). A randomized clinical trial of mindfulness-based stress reduction versus aerobic exercise for social anxiety disorder. Journal of Clinical Psychology, 68:715–731.

Kerr, M. (March 29, 2012). Elderly depression: Depression & aging. Accessed Feb. 5, 2015. Retrieved from http://www.healthline.com/health/depression/elderly-and-aging.

Kessler, R. C., Chiu, W. T., Demler, O., Walters, E. E. (2009). Prevalence, severity, and comorbidity of twelve-month DSM-IV disorders in the national comorbidity survey replication (NCS-R). Archives of General Psychiatry, 62(6), 617–27.

Kessler, R. C., et al. (2007). Lifetime prevalence and age-of-onset distributions of mental disorders in the World Health Organization's world mental health survey initiative. World Psychiatry, 6(3), 168–176.

Krans, B. (January 12, 2012). How exercise can help bipolar disorder. Accessed Jan. 3, 2015. Retrieved from http://www.healthline.com/health/bipolar-disorder/exercise#1

Kulas, M. (Jan. 28, 2015). Social and emotional benefits of exercise. Accessed Dec. 12, 2014. Retrieved from http://www.livestrong.com/article/477451-social-emotional-benefits-of-regular-exercise/

Kuper, S. (11 September 2009). The Man Who Invented Exercise. Financial Times. Accessed Sept. 12, 2014.

Lannem, A. M., Sørensen, M., Frøslie, K. F., & Hjeltnes, N. (2009). Incomplete spinal cord injury, exercise and life satisfaction. Spinal Cord, 47, 295–300.

Larson, E. B., Wang, L., Bowen, J. D., McCormick, W. C., Teri, L., Crane, P., & Kukull, W. (2006). Exercise is associated with reduced risk for incident dementia among persons 65 years of age and older. Annals Of Internal Medicine, 144(2), 73–81.

Latham, G. P. & Locke, E. A. (1991). Self-regulation through goal-setting. Organizational Behavior and Human Decision Processes, 50(2), 212–247.

Leith, L. M. (2009). Foundations of exercise and mental health, 2nd ed. Morgantown, WV: Fitness Information Technology.

Let's Move. (2015). Make physical activity a part of your family's routine. Accessed April 17, 2015. Retrieved from http://www.letsmove.gov/make-physical-activity-part-your-familys-routine

Let's Move.(2015). Let's move health family calendar. Accessed Aug.9, 2015. Retrieved from http://www.letsmove.gov/sites/letsmove.gov/files/Family_Calendar.pdf

Lirgg, C. (1991). Gender differences in self-confidence in physical activity: A meta-analysis of recent studies. Journal of Sport and Exercise Psychology, 13, 294–310.

Locke, E. A. (1968). Toward a theory of task motivation and incentives. Organizational Behavior and Human Performance, 3(2), 157–189.

Locke, E. A., Shaw, K. N., Saari, L. M., & Latham, G. P. (1981). Goal setting and task performance: 1969–1980. Psychological Bulletin, 90(1), 125–152.

Lund, J. (2011). For all eternity: practical tools for strengthening your marriage, American Fork, UT: Covenant Communications.

Lunenburg, F. C. (2011). Goal-setting theory of motivation. International Journal of Management, Business, and Administration, (15)1, 1–6.

Mann, M., Hosman, C., Schaalma, H., & de Vries, N. (2004). Selfesteem in a broad-spectrum approach for mental health promotion. Health Educ. Research, 19(4), 357–372.

Markland, D. (2009). The mediating role of behavioural regulations in the relationship between perceived body size discrepancies and physical activity among adult women. Hellenic Journal of Psychology, 6, 169–182.

Mayo Clinic. (July 21, 2012). Exercise and stress: Get moving to manage stress.

Accessed Jan. 5, 2015. Retrieved from http://www.mayoclinic.org/healthy-living/stress-management/in-depth/exercise-and-stress/art-20044469?pg=1

Mayo Clinic. (Feb. 5, 2014). Exercise: 7 benefits of regular physical activity. Accessed Dec. 2, 2014. Retrieved from http://www.mayoclinic.org/healthy-living/fitness/in-depth/exercise/art-20048389?pg=1

Mental Health America. (n.d.) Depression in older adults. Accessed Feb. 5, 2015. Retrieved from http://www.mentalhealthamerica.net/conditions/depression-older-adults#9

Mercola. (2014). Sweating out sadness: How exercise can help the grieving process. Accessed Feb. 7, 2015. Retrieved from http://fitness.mer cola.com/sites/fitness/archive/2014/06/27/exercise-grief.aspx

Mishler, A. (n.d.) Yoga with Adrienne. (YouTube channel.) Retrieved from https://www.youtube.com/channel/UCFKE7WVJfvaHW5q283SxchA?spfrel oad=10

Mohammed, T. A., Kucyi, A., Law, C. W., & McIntyre, R. S. (2009). Exercise and bipolar disorder: A review of neurobiological mediators. Neruomol Med, 11, 338–336.

Moore, L. L., Lombardi, D. A., White, M. J., Campbell, S. A., Oliveria, S. A., Ellison, R. C. (1991). Influence of parents' physical activity lev-els on activity levels of young children. Journal of Pediatrics, 118, 215–219.

Morris, J. N., Crawford, M. D. (1958). Coronary heart disease and physical activity of work. British Medical Journal, 2(5111), 1485–1496.

Murray, C. J. & Lopez, A. D. (1997) Alternative projections of mortality and disability by cause 1990–2020: Global burden of disease study. Lancet, 349, 1498–1504.

Musick, M. A., Traphagan, J. W., Koenig, H. G., and Larsen, D. B. (2000). Spirituality in physical health and aging. Journal of Adult Development, 7(2).

National Alliance on Mental Illness. (2013). Mental Illness Facts & Numbers.

Accessed February 2, 2015. http://www2.nami.org/factsheets/mentalillness_factsheet.pdf

National Alliance on Mental Illness. (2014). Depression in children and teens. Accessed Jan. 17, 2015. Retrieved from http://www.nami.org/Template. cfm? Section=By_Illness&template=/ContentManagement/ContentDisplay. cfm&ContentID=88551

National Association for Sport and Physical Education. (1999). The fitness equation: Physical activity + balanced diet = fit kids. Reston, VA:National Association for Sport and Physical Education.

National Broadcasting Center News. (2004). Global study finds mental illness widespread: Depression and anxiety often go untreated. Accessed Jan. 10, 2015. Retrieved from http://www.nbcnews.com/id/5111202/ns/health-mental_health/t/global-study-finds-mental-illness-widespread/#.VLf1HMaSVUQ

National Institute of Mental Health. (2008). Introduction: mental health medications. Accessed Jan. 7, 2015. Retrieved from http://www.nimh.nih.gov /health/publications/mental-health-medications/ index.shtml

National Institute of Mental Health. (2009). Treatment of children with mental illness. Accessed May 22, 2015. Retrieved from http://www.nimh.nih.gov/ health/publications/treatment-of-children-with-mental-illness-fact-sheet/inde x.shtml

National Institute of Mental Health. (2015a). Depression in children and adolescents: Fact sheet. Accessed Jan. 17, 2015. Retrieved from http://www. nimh.nih.gov/health/publications/depression-in-children-and-adolescents/ index.html

National Institute of Mental Health. (2015b). Major depression among adults. Accessed Jan. 12, 2015. Retrieved from http://www.nimh.nih.gov/health / statistics/prevalence/major-depression-among-adults.shtml

National Institute of Mental Health. (2015c). Women & depression:Discovering hope. Accessed Jan. 20, 2015. Retrieved from http://www.nimh.nih.gov/ health /publications/women-and-depression-discovering-hope/index.shtml

Nelson, M. E., Rejeski, W. J., Blair, S. N., et al. (2007). Physical activity and public health in older adults: Recommendation from the American College of Sports Medicine and the American Heart Association. Circulation, 116, 1094–105.

North, T. C., McCullagh, E., & Tran, Z. V. (1990). Effects of exercise on depression. Exercise and Sport Science Reviews, 18, 379–415.

Northrup, C. (2006). The wisdom of menopause (revised edition): Creating physical & emotional health during the change. New York: Bantam Dell Publishing.

O'Connor, P. J., Raglin, J. S., & Martinsen, E. W. (2000) Physical activity, anxiety and anxiety disorders. International Journal of Sports Psychology, 31(2), 136–155.

Office of Disease Prevention and Health Promotion. (2008). Physical activity guidelines for Americans. Accessed Jan. 14, 2015. Retrieved from http:// www.health.gov/paguidelines/pdf/paguide.pdf

Oliver, R. (1974). Expectancy theory predictions of salesmen's performance. Journal of Marketing Research, 11, 243–253.

Olderman, R. (2014). 15 easy ways to be healthier. Accessed May 2, 2015. Retrieved from http://life.gaiam.com/article/15-easy-ways-be-healthier

Olson, S. (June 25, 2013). Half of U. S. youth fails to meet physical activity standards: NIH calls for lifestyle changes. Medical Daily. Accessed June 1, 2015. Retrieved from http://www.medicaldaily.com/half-us-youth-fails-meet-physical-activity-standards-nih-calls-lifestyle-changes-247133

Oppezzo, M. & Schwartz, D. L. (2014). Give your ideas some legs: The positive effect of walking on creative thinking. Journal of Experimental Psychology: Learning, Memory, and Cognition, 40(4), 1142–1152.

Orzech, K. M., Vivian, J., Torres, C. H., Armin, J., & Shaw, S. J. (2013). Diet and exercise adherence and practices among medically underserved patients with chronic disease: Variation across four ethnic groups. Health Education Behavior, 40(1), 56–66.

Otto, M. W. & Smits, J. A. (2011). Exercise for mood and anxiety: Proven strategies for overcoming depression and enhancing well-being. New York, NY: Oxford University Press.

Orzech, K. M., Vivian, J., Torres, C. H., Armin, J., & Shaw, S. J. (2013). Diet and exercise adherence and practices among medically under-served patients with chronic disease: variation across four ethnic groups. Health Education & Behavior, 40(1), 56–66.

Pagnin, D., de Queiroz, V., Stefano, P, & Cassaon, G. (2004). Efficacy of ECT in depression: a meta-analytic review. The Journal of ECT, 20(1), 13–20.

Palmer, J., Vacc, N., & Epstein, J. (1988). Adult inpatient alcoholics: physical exercise as a treatment intervention. Psychosomatic Medicine, 62(5), 633–638.

Pate, R. R. Pratt, M., Blair, S. N., Haskell, W. L., Macera, C. A., Bouchard, C., Buchner, D., Ettinger, W., et al. (1995). Physical activity and public health. Journal of the American Medical Association, 23, 402–407.

Pate, R. R., Baranowski, T., Dowda, M., Trost, S. G. (1996). Tracing of physical activity and physical fitness across the lifespan. Medicine and Science of Sports and Exercise, 28(1), 82–96.

Paulson, J. F., Bazemore, S. D. (2010). Prenatal and postpartum depression in fathers and its association with maternal depression: a metaanalysis. JAMA, 303(19).

Pavey, S. (2015). Locke's goal-setting theory: Setting meaningful, challenging goals. Accessed June 6, 2015. Retrieved from http://www.mindtools.com/pages/ article/newHTE_87.html

Perou, R. et al. (2013). Mental health surveillance among children—United States, 2005–2011. Center for Disease Control Morbidity and Mortality Weekly Report, 62(02), 1–35.

Peterson, A. (2011). So cute, so hard on a marriage: After baby, men and women are unhappy in different ways; Pushing pre-emptive steps. Wall Street Journal, April 28.

PopSugar Fitness. (n..d.) PopSugar Fitness (YouTube channel). Accessed June 1, 2015. Retrieved from https://www.youtube.com/user/popsugartvfit

Postpartum Support International. Depression during pregnancy and postpartum. Accessed Jan. 14, 2015. Retrieved from http://postpartum.net/Get-the-Facts/Depression-During-Pregnancy-Postpartum.aspx

President's Council on Fitness, Sports, & Nutrition. (2015). Facts and statistics, physical activity. Accessed April 15, 2015. Retrieved from http://www.fitness.gov/resource-center/facts-and-statistics/

Prior, J. (1987). Conditioning exercise decreases premenstrual symptoms:A prospective controlled 6-month trial. Fertility & Sterility, 47(402).

Prochaska, J., Norcross, J., and Declemente, C. (2007). Changing for good: A revolutionary six-stage program for overcoming bad habits and moving your life positively forward. New York: Harper Collins.

Rader Programs. (2015). Exercise therapy: Exercise does not have to be overly strenuous. Accessed Jan. 2, 2015. Retrieved from http://www.raderprograms.com/treatment/exercise-therapy.html

Rainville, J., Hartigan, C., Martinez, E., Limke, J, Jouve, C., & Finno, M. (2004). Exercise as a treatment for chronic low back pain. The Spine Journal, 1(2), 106–115.

Ransdell, L. B., Eastep, E., Tayor, A., Oakland, D., Schmidt, J., Moyer-Mileur, L., & Shultz, B. (2003). Daughters and mothers exercising together (DAMET): Effects of home-and university-based interventions on physical activity behavior and family relations. American Journal of Health Education, 34(1).

Recovery.org. (2015). What is exercise addiction? Accessed Feb. 6, 2015. Retrieved from http://www.recovery.org/topics/exercise-addiction-recovery/

Recovery Ranch. (2015). The effects of exercise on drug or alcohol rehab. Accessed March 10, 2015. Retrieved from http://www.recoveryranch.com/ articles /exercise-drug-alcohol-rehab/

Riggs, C. E. (1981). Endorphins, neurotransmitters and/or neuromodulators and exercise. In M. H. Sacks & M. L. Sachs (Eds.), Psychology of Running (pp. 224–230). Champaign, IL: Human Kinetics.

Rodriguez, D. (Feb. 14, 2011). Exercise, diet, and sleep: How they work together. In Sleep in America, 2012. Accessed Jan. 10, 2015.

Retrieved from http://www.everydayhealth.com/health-report/healthy-sleep/ exercise-diet-sleep.aspx

Rose, E., Larkin, D., Hands, B. Howard, B., Parker, H. (2009). Evidence for the validity of the children's attraction to physical activity (CAPA) questionnaire with young children. Journal of Science Med Sport, 12(5), 573–578.

Rosenbaum, S., Nguyen, D., Lenehan, T., Tiedemann, A., van der Ploeg, H., & Sherrington, C. (2011). Exercise augmentation compared to usual care for post traumatic stress disorder: a randomized controlled trial (the REAP study: Randomised Exercise Augmentation for PTSD), BMC Psychiatry, 11, 115.

Ryan, R. M., Deci, E. L. (2000). Self-determination theory and the facilitation of intrinsic motivation, social development, and wellbeing. American psychologist, 55(1), 68–78.

Ryan, R. M., Frederick, C. M., Lepes, D., Rubio, N., & Sheldoon, K. M. (1997). Intrinsic motivation and exercise adherence. International Journal of Sports Psychology, 28, 335–354.

Sasson, I. & Umberson, D. J. (2013). Widowhood and depression: New light on gender differences, selection, and psychological adjustment. Journal of

Gerontology, Psychology Sciences and Social Sciences, series B, June 28.

Schmalz, D., Deane, G. D., Birch, L. L., & Davison, K. K. (2007). A longitudinal assessment of the links between physical activity and self-esteem in early adolescent non-Hispanic females. Journal of Adolescent Health, 41(6), 559–565.

Seabra, A. F., Mendonca, D. M., Goring, H. H., Thomis, M. A., Maia, J. A. (2008). Genetic and Environmental Factors in Familial Clustering in Physical Activity. European Journal of Epidemiology, 32(9), 1598–1600.

Seligman, M. (2004). Authentic happiness: Utilizing the new positive psychology to realize your potential for lasting fulfillment. New York: Atria Books.

Seligman, M. (2012). Flourish: A visionary new understanding of happiness and wellbeing. New York: Atria Books.

Sharma, A., Madaan, V., & Petty, F. D. (2006). Exercise for mental health. Primary Care Companion Journal of Clinical Psychiatry, 8(2), 106.

Shear, M. K. (2010). Complicated grief treatment: the theory, practice and outcomes. Bereavement Care, 29(3), 10–14.

Sichel, D. & Driscoll, J. (2000) Women's moods: What every woman must know about hormones, the brain, and emotional health. New York: HarperCollins.

Singh-Manoux, A., Hillsdon, M., Brunner, E., & Marmot, M., (2005) Effects of physical activity on cognitive functioning in middle age: Evidence from the Whitehall II Prospective Cohort Study. American Journal of Public Health, 95(12), 2252–58.

Smith, K. (2015). Porn addiction statistics. Accessed Jan. 12, 2015. Retrieved from http://www.guystuffcounseling.com/porn-addiction-statistics

Smith, P. J., Blumenthal, J. A., Hoffman, B. M., Cooper, H., Staruman, T. A., Welsh-Bohmer, K., Browndyke, J. N., & Sherwood, A. (2010). Aerobic exercise and neurocognitive performance: A meta-analytic review of randomized controlled trials. Psychosomatic Medicine, 72(3), 239–252.

Smits, J. A., Rosenfield, D., Powers, M. B., Behar, E., & Otto, M. W. (2008). Reducing anxiety sensitivity with exercise. Depression and Anxiety, 25, 689–699.

Sonstroem, R. J., Speliotis, E. D., & Fava, J. L. (1992). Perceived physical competence in adults: An examination of the physical self-perception profile. Journal of Sport & Exercise Psychology, 14(2), 207–221.

Substance Abuse and Mental Health Services Administration. (2015). Alcohol, tobacco, & other drugs. Accessed Sept. 4, 2015. Retrieved from http://www. samhsa.gov/atod

Substance Abuse and Mental Health Services Administration. (2014). Serious mental health challenges among older adolescents and young adults. The CBHQ Report, May 6.

Sung, I. (2013). Data points to behavioral health as a growing challenge for pediatricians. Accessed Jan. 14, 2015. Retrieved from http://www. athenahealth.com/blog/2013/10/28/data-points-to-behavioral-health-as-a-growing-challenge-for-pediatricians

Sussman, S., Lisha, N., & Griffiths, M. (2011). Prevalence of the addictions: A problem of the majority or the minority? Eval. Health Prof., 34(1), 3 56.

Szabo, A. (2000). Physical activity and psychological well-being. In Physical activity as a source of psychological dysfunction, S. J. H. Biddle, K. R. Fox & S. H. Boutcher (Eds.). London: Routledge, pp. 130–195.

Taylor, C. B., Sallis, J. F., & Needle, R. (1985). The relation of physical activity and exercise to mental health. Journal ListPublic Health Repv, 100(2), Mar-Apr.

Teixeira, P. J, Carraca, V., Markland, D., Silva, M. N., & Ryan, R. M. (2008). Exercise, physical activity, and self-determination theory: a systematic review. International Journal of Behavioral Nutrition and Physical Activity, 9, 78.

Terman, M. & Terman, J. S. (2005). Light therapy for seasonal and nonseasonal depression: efficacy, protocol, safety, and side effects. CNS Spectrum, 10(8), 647–663.

Thayer, R. E. (2001) Calm energy: How people regulate mood with food and exercise. New York: Oxford University Press.

Thomas Jefferson's Monticello. (n.d.). Exercise. Accessed September 14, 2015. Retrieved from https://www.monticello.org/site/research-and-collections / exercise

Thune, I., Brenn, T., Lund, E., & Gaard, M. (1997). Physical Activity and the Risk of Breast Cancer. New England Journal of Medicine, 1; 336(18): 1269–75.

Thompson, J., & Blanton, P. (1987). Energy conservation and exercise dependence: a sympathetic arousal hypothesis. Medicine & Science in Sports & Exercise, 19(2), 91–99.

Torres, R. & Fernandez, F. (1995). Self-esteem and value of health as correlates of adolescent health behavior. Adolescence, 30(118), 403–12.

Trivedi, M. H. (2013). The link between depression and physical symptoms. Mental Illness Facts and Numbers. Accessed Jan. 3, 2015. Retrieved from http://www2.nami.org/factsheets/mentalillness_factsheet.pdf

Trost, S. G. & Loprinzi, P. D. (2011). Parental influences on physical Activity Behavior in children and adolescents: A brief review. American Journal of Lifestyle Medicine, 5(2), 171–181.

Trost, S. G., Owen, N., Bauman, A. E., Sallis, J. F., & Brown, W. (2002). Correlates of adults' participation in physical activity: review and update. Medicine & Science in Sports & Exercise, 34(12), 1996–2001.

University of Cambridge. (July 11, 2014). Brain activity in sex addiction mirrors that of drug addiction. Accessed June 1, 2015. Retrieved from http://www. cam.ac.uk/research/news/brain-activity-in-sex-addiction-mirrors-that-ofdrug-addiction

U. S. Department of Agriculture. (2010). Dietary guidelines for Americans, 2010. Accessed Feb. 3, 2015. Retrieved from http://www.cnpp.usda.gov/dietary guidelines.html

U. S. Department of Health and Human Services. (2008). Physical activity guidelines for Americans. Accessed Oct. 27, 2014. Retrieved from http:// www.health. gov/PAGuidelines

U. S. Public Health Service. (2000). Report of the Surgeon General's Conference on Children's Mental Health: A national action agenda. Washington, DC: Department of Health and Human Services, 2000. Stock No. 017-024-01659-4 ISBN No. 0-16-050637-9.

University of Maryland Medical Center. (2013). Stress. Accessed Sept. 14, 2015. Retrieved from http://umm.edu/health/medical/reports/articles/stress

University of Minnesota Duluth. (n.d.). Personality and exercise. Accessed September 12, 2015. Retrieved from http://www.d.umn.edu/—dmillsla/ courses/Exercise%20Adherence/documents/PersonalityExercise.pdf

Valliant, P. M. & Asu, M. E. (1985). Exercise and its effects on cognition and physiology in older adults. Perceptual and Motor Skills, 61, 1031–1038.

Van Grootheest, D. S., Beekman, A. T.F., Broese van Grouenou, M. I., and Deeg, D. J. H. (1999). Sex differences in depression after widowhood: Do men suffer more? Soc Psychiatry Psychiatr Epidemiol, 34, 391–398.

Volkow, N. (March 1, 2011). Physical activity may prevent substance abuse. National Institute on Drug Abuse. Accessed June 2, 2015. Retrieved from http://www.drugabuse.gov/news-events/nida-notes/2011/03/physical-activity-may-prevent-substance-abuse

Wellness Monthly. (Oct. 2012). Moving through grief: Exercise can help. Accessed Feb. 7, 2015. Retrieved from http://www.mansfield.edu/hr/upload/ SEAP-October-2012.pdf

Whaley, D. E., & Schrider, A. F. (2005). The process of adult exercise adherence: Self-perceptions and competence. The Sport Psychologist, 19, 148–63.

Williams, M. A., Haskell, W. L., Ades, P. A., et al. (2007). Resistance exercise in individuals with and without cardiovascular disease: 2007 update: a scientific statement from the American Heart Association Council on Clinical Cardiology and Council on Nutrition, Physical Activity, and Metabolism. Circulation, 116, 572–84.

Wilson, K., & Brookfield, D. (2009). Effect of goal setting on motivation and adherence in a six-week exercise program. International Journal of Sport and Exercise Physiology, 6, 89–100.

Young, R. J. (1979). Effects of regular exercise on cognitive functioning and personality. British Journal of Sports Medicine, 13(3), 110–17.

Zhao, G., Ford, E. S., & Mokdad, A. H. (2008). Compliance with physical activity recommendations in US adults with diabetes. Diabetic Medicine, 25(2), 221–227.

图书在版编目（CIP）数据

心理健身房：通过锻炼改善心理健康的8个要诀/
（加）克里斯蒂娜·希伯特著；张豫译. -- 成都：四川
人民出版社，2022.4
　　ISBN 978-7-220-12486-0

Ⅰ.①心… Ⅱ.①克…②张… Ⅲ.①体育运动–通
俗读物 Ⅳ.①G8-49

中国版本图书馆CIP数据核字(2021)第249289号

四 川 省 版 权 局
著作权合同登记号
图字：21–2021–525

Title: 8 keys to mental health through exercise
Copyright © 2016 by Christina G. Hibbert
Published by W. W. Norton & Company, Inc.
All rights reserved
本中文简体版版权归属于银杏树下（北京）图书有限责任公司。

XINLI JIANSHENFANG: TONGGUO DUANLIAN GAISHAN XINLIJIANKANG DE BAGE YAOJUE

心理健身房：通过锻炼改善心理健康的8个要诀

著　　者	［加拿大］克里斯蒂娜·希伯特
译　　者	张　豫
选题策划	后浪出版公司
出版统筹	吴兴元
编辑统筹	王　頔
特约编辑	谢翡玲
责任编辑	杨　立
装帧制造	墨白空间
封面设计	柒拾叁号
营销推广	ONEBOOK
出版发行	四川人民出版社（成都槐树街2号）
网　　址	http://www.scpph.com
E - mail	scrmcbs@sina.com
印　　刷	嘉业印刷（天津）有限公司
成品尺寸	143mm×210mm
印　　张	9.5
字　　数	220千
版　　次	2022年4月第1版
印　　次	2022年4月第1次
书　　号	978-7-220-12486-0
定　　价	45.00元

后浪出版咨询（北京）有限责任公司　版权所有，侵权必究
投诉信箱：copyright@hinabook.com　fawu@hinabook.com
未经许可，不得以任何方式复制或者抄袭本书部分或全部内容
本书若有印、装质量问题，请与本公司联系调换，电话010-64072833

《大脑健身房》

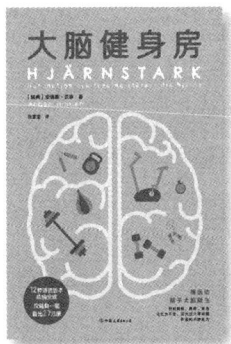

著者：[瑞典] 安德斯·汉森
(Anders Hansen)
译者：张雪莹
书号：978-7-5057-4716-6
出版时间：2019年9月
定价：38元

☆全球销量破62万册，斩获瑞典年度健康大奖的瑞典首席心理健康专家口碑力作。

☆针对焦虑、记忆力不佳等问题开出的天然处方。

内容简介 | 传统健身房能让我们身体变得更健康，身材变得更健美。而大脑健身房能针对焦虑、压力、专注力、抑郁、记忆力、衰老等问题进行逐个突破。

作者立足脑科学和心理学，将过去5年的神经科学研究成果分解为简单易懂的内容，依托案例和实验生动地讲述出来。读者将能对大脑产生进一步的了解，明白运动将对每种问题产生何种影响。此外，本书还为大众读者提供了实用而具体的建议，对每种问题提出了涉及训练种类、训练时间与频率的"处方"。它敦促你训练自己的身体和思想，让你的整个身体升级并开始行动！